Code ISBN : 9798884403642

Marque éditoriale : Independently published

INTRODUCTION

Dans notre ère de l'information, où les options financières se multiplient et où l'économie mondiale se trouve en perpétuelle mutation, la maîtrise des fondamentaux financiers n'est pas juste un atout, c'est une nécessité absolue. Imaginez-vous naviguant dans une mer agitée sans boussole ni carte. C'est ainsi que beaucoup se sentent face à leurs finances personnelles, surtout au début de leur parcours d'adulte. "Finance Simplifiée : Le Guide du Débutant pour la Richesse" se propose d'être cette boussole et cette carte, vous guidant à travers les vagues turbulentes de la finance personnelle vers des eaux plus calmes et plus claires.

Les années de la vingtaine sont une toile vierge pour beaucoup, une période de définition de soi, d'exploration et de prise de décisions qui façonneront le reste de votre vie. Que ce soit le démarrage de votre première vraie expérience professionnelle, la gestion de vos dettes étudiantes, la mise en place d'un fonds d'urgence, ou l'élaboration d'un plan d'épargne-retraite, chaque décision comporte son lot de questions et de défis. Ce livre est conçu avec l'intention de répondre à ces questions, d'affronter ces défis de front, et de

1

vous outiller avec les connaissances nécessaires pour prendre des décisions financières sages et réfléchies.

L'importance de l'éducation financière ne saurait être sous-estimée. Dans une société où le crédit est facilement accessible et où la pression de consommer est omniprésente, la capacité à gérer sagement ses finances devient cruciale. C'est ici que "Finance Simplifiée" entre en jeu. En démystifiant les concepts financiers, en partageant des stratégies d'épargne et d'investissement éprouvées, et en vous enseignant les bases d'une budgétisation efficace, ce guide vise à vous préparer pour un avenir financier prospère.

Ce livre est structuré pour vous accompagner à chaque étape de votre voyage financier. Du premier chapitre, qui pose les fondements de l'épargne, jusqu'aux discussions plus avancées sur l'investissement et la planification à long terme, chaque section est conçue pour construire progressivement votre compréhension et votre confiance. En adoptant un ton informel et motivant, "Finance Simplifiée" vise à rendre l'apprentissage de la finance à la fois accessible et engageant. Nous savons que la finance peut sembler un sujet aride pour beaucoup, c'est pourquoi nous avons peuplé ce livre d'exemples de la vie réelle, d'anecdotes relatables, et d'exercices pratiques pour solidifier votre compréhension et appliquer vos connaissances à des situations concrètes.

Au-delà de la théorie, ce guide est parsemé d'exercices pratiques conçus pour vous mettre au défi et pour encourager l'application immédiate des concepts appris. De la création de votre premier budget personnel à la simulation d'investissements, en passant par la planification d'un achat immobilier, vous serez invité à participer activement à votre éducation financière. Ces activités pratiques sont essentielles pour transformer la théorie en habitude, et ultimement, en sagesse financière.

La finance est un domaine en constante évolution, et rester informé des dernières tendances et innovations est crucial. C'est pourquoi "Finance Simplifiée" intègre une section dédiée aux cryptomonnaies et à la blockchain, des sujets de plus en plus pertinents dans notre économie numérisée. Comprendre ces nouvelles formes d'investissement et de technologie financière vous équipera non seulement avec les connaissances pour naviguer dans le présent mais aussi pour anticiper les évolutions futures du monde financier.

Pour conclure, "Finance Simplifiée" n'est pas seulement un guide, c'est un compagnon de voyage dans votre parcours vers la liberté financière. Les principes et les pratiques que vous apprendrez ici sont les fondations sur lesquelles vous pourrez bâtir une vie de richesse, de sécurité et, surtout, de sagesse financière. Il est temps de prendre en main votre avenir financier. Bienvenue dans le monde de la finance simplifiée, où chaque pas que vous faites est un pas vers une richesse durable et significative.

CHAPITRE 1 : BASES DE L'ÉPARGNE

La Philosophie de l'Épargne

La philosophie de l'épargne repose sur une compréhension profonde de sa valeur intrinsèque et de son impact sur notre vie. Au cœur de cette philosophie se trouvent deux principes fondamentaux : l'importance de l'épargne et la compréhension du temps et de la valeur de l'argent. En explorant ces principes, nous pouvons découvrir comment l'épargne n'est pas seulement une activité financière, mais un pilier essentiel de notre liberté et sécurité futures.

L'Importance de l'Épargne

Épargner, dans sa forme la plus élémentaire, signifie mettre de côté une partie de nos revenus aujourd'hui pour les utiliser à l'avenir. Cette définition simple cache cependant une profondeur inattendue. L'épargne sert plusieurs objectifs clés dans notre vie : elle nous prépare pour les imprévus, nous aide à atteindre nos objectifs financiers, et offre une sécurité qui enrichit notre bien-être mental et émotionnel.

Imaginez Lisa, une jeune professionnelle qui a toujours rêvé d'ouvrir sa propre pâtisserie. Pour Lisa, l'épargne n'est pas seulement une ligne dans son budget ; c'est le chemin qui mène à la réalisation de son rêve. En mettant de côté une partie de son salaire chaque mois, Lisa construit peu à peu le capital nécessaire pour financer son entreprise sans s'endetter excessivement. Son épargne lui offre la liberté de poursuivre sa passion et la sécurité de savoir qu'elle a les moyens de soutenir son projet.

Comprendre le Temps et la Valeur de l'Argent

Le temps est un allié puissant dans le domaine de l'épargne. Grâce à l'intérêt composé, chaque euro épargné aujourd'hui peut croître de manière exponentielle au fil du temps, transformant de modestes sommes en réserves significatives. Cette magie de l'intérêt composé est souvent appelée la "huitième merveille du monde" pour sa capacité à générer de la richesse.

Prenons l'exemple de Julien, qui a commencé à épargner 100 euros par mois à l'âge de 25 ans, avec un taux d'intérêt annuel de 5%. À 65 ans, sans jamais augmenter son montant d'épargne mensuel, il aurait accumulé plus de

150 000 euros, dont une grande partie serait le résultat de l'intérêt composé. Si Julien avait attendu jusqu'à 35 ans pour commencer à épargner le même montant mensuel, son épargne à 65 ans serait significativement moindre, autour de 83 000 euros. Ce simple changement dans le timing montre à quel point commencer tôt peut avoir un impact profond sur le potentiel de croissance de l'épargne.

Ces principes fondamentaux de l'épargne soulignent une vérité universelle : épargner est une manifestation de prendre soin de notre futur moi. En mettant de côté une partie de nos ressources aujourd'hui, nous nous donnons les moyens de réaliser nos rêves, de naviguer les imprévus avec grâce et de construire une fondation de sécurité et de liberté pour notre avenir.

Ainsi, la philosophie de l'épargne n'est pas seulement une question de chiffres et de pourcentages ; elle est profondément ancrée dans nos valeurs, nos rêves et notre vision de la vie que nous souhaitons mener. En adoptant cette philosophie, nous prenons un engagement envers notre avenir, un engagement qui requiert discipline, patience et une compréhension claire de nos objectifs et de nos moyens.

Établir des Objectifs d'Épargne

Établir des objectifs d'épargne est un pas essentiel vers la réalisation de vos aspirations financières. Cela implique de définir des cibles claires et réalisables pour guider vos efforts d'épargne. En adoptant la méthode SMART pour fixer ces objectifs, vous vous assurez qu'ils sont Spécifiques, Mesurables, Atteignables, Réalistes et Temporellement définis. Cette approche structurée aide à clarifier vos intentions, à mesurer vos progrès et à atteindre vos objectifs financiers de manière plus efficace.

Identifier vos Objectifs

Avant tout, il est crucial de comprendre ce que vous souhaitez accomplir avec votre épargne. Vos objectifs peuvent varier grandement en fonction de vos besoins personnels, professionnels et de vie. Ils peuvent inclure l'épargne pour un fonds d'urgence, l'achat d'une maison, la planification de vacances, le financement des études de vos enfants, ou la préparation à la retraite.

Amélie, une graphiste freelance, a identifié trois objectifs d'épargne principaux : créer un fonds d'urgence pour couvrir six mois de dépenses en cas de perte de revenus, épargner pour un acompte sur un studio de design, et constituer un fonds pour des vacances annuelles en Europe. Chaque objectif a un horizon temporel différent et nécessite une stratégie d'épargne spécifique.

SMART : Une Méthode pour Fixer des Objectifs

Spécifiques : Vos objectifs doivent être clairs et précis. Au lieu de dire "Je veux épargner pour une maison", définissez quel type de maison, dans quelle localisation et le montant de l'acompte nécessaire.

Mesurables : Assurez-vous que vos objectifs peuvent être quantifiés. Par exemple, "Épargner 20 000 euros pour l'acompte d'une maison en trois ans."

Atteignables : Vos objectifs doivent être réalistes et réalisables compte tenu de vos ressources financières actuelles et futures.

Réalistes : Ils doivent refléter vos capacités financières et vos engagements. Un objectif comme "Épargner 1 million d'euros en 5 ans" peut ne pas être réaliste si votre revenu ne le permet pas.

Temporellement définis : Fixez une échéance claire pour vos objectifs. Cela crée un sentiment d'urgence et facilite la planification.

Marc, enseignant, souhaite épargner pour sa retraite. Il décide d'épargner 300 euros par mois pendant 20 ans, visant un objectif de 200 000 euros, en tenant compte de l'intérêt composé. Cet objectif est SMART car il est spécifique (épargne pour la retraite), mesurable (200 000 euros), atteignable (basé sur son revenu et ses dépenses), réaliste (en tenant compte de ses capacités d'épargne) et temporellement défini (20 ans).

Appliquer les Objectifs SMART

Une fois que vous avez défini vos objectifs d'épargne en utilisant la méthode SMART, le prochain pas est de mettre en place un plan d'action. Cela inclut de choisir les bons véhicules d'épargne, de déterminer combien épargner chaque mois, et d'ajuster vos dépenses pour atteindre vos objectifs.

Pour atteindre son objectif d'achat de maison, Amélie ouvre un compte d'épargne logement qui offre un taux d'intérêt avantageux pour les épargnants visant à acheter leur premier bien immobilier. Elle calcule qu'en épargnant 500 euros par mois, elle peut atteindre son objectif d'acompte en cinq ans. Pour y parvenir, elle décide de réduire ses dépenses mensuelles en loisirs et en abonnements inutilisés, et d'augmenter ses revenus en prenant des projets supplémentaires.

En résumé, établir des objectifs d'épargne clairs et réalisables est fondamental pour guider vos efforts financiers vers la réalisation de vos rêves et aspirations. La méthode SMART offre un cadre robuste pour définir ces objectifs, en assurant qu'ils soient à la fois motivants et atteignables.

Principes de l'Épargne Efficace

Pour transformer l'épargne d'un concept abstrait en une pratique quotidienne réussie, il est essentiel d'adopter des principes d'épargne efficaces. Ces principes agissent comme des balises sur le chemin de la sécurité financière et de la réalisation des objectifs financiers à long terme. Voyons comment les mettre en œuvre dans la vie de tous les jours.

Payer-vous en Premier

La notion de se "payer en premier" est fondamentale en matière d'épargne. Cela signifie que, plutôt que d'épargner ce qui reste après vos dépenses, vous allouez d'abord une partie de vos revenus à votre épargne dès que vous êtes payé.

Mathieu reçoit un salaire mensuel de 2 500 euros. Avant de penser à ses dépenses mensuelles, il transfère automatiquement 10% (250 euros) sur son compte d'épargne. Cette approche lui assure qu'il épargne régulièrement, transformant l'épargne en une habitude plutôt qu'en une pensée après coup.

L'Effet de l'Intérêt Composé

L'intérêt composé est souvent appelé la force la plus puissante de l'univers financier. Il permet à votre épargne de croître plus rapidement en gagnant de l'intérêt non seulement sur le capital initial mais aussi sur les intérêts accumulés.

Clara commence à épargner 100 euros par mois à l'âge de 25 ans dans un compte qui offre un taux d'intérêt annuel de 5%. À 65 ans, Clara aura versé 48 000 euros, mais grâce à l'intérêt composé, son épargne aura grossi à environ 150 000 euros. Si Clara avait commencé à épargner dix ans plus tard, son épargne totale aurait été beaucoup moins impressionnante, prouvant l'importance de commencer tôt.

Diversifier vos Épargnes

La diversification est un principe clé pour minimiser les risques et maximiser le potentiel de croissance de votre épargne. Cela implique de répartir vos économies entre différents types de placements financiers.

Julien décide de ne pas mettre tous ses œufs dans le même panier. Il répartit son épargne entre un compte d'épargne à faible risque, des fonds communs de placement pour une croissance modérée et des actions pour un potentiel de croissance plus élevé. Cette stratégie lui permet de réduire le risque de pertes importantes si l'un de ses investissements performe mal.

Créer un Plan d'Épargne

Avoir un plan d'épargne personnalisé vous aide à rester sur la bonne voie pour atteindre vos objectifs financiers. Ce plan devrait prendre en compte vos objectifs d'épargne, votre budget, et votre tolérance au risque.

Sara, qui souhaite acheter une maison dans cinq ans, établit un plan d'épargne détaillé. Elle calcule qu'elle a besoin de 20 000 euros pour l'acompte. Pour atteindre cet objectif, elle décide d'épargner 333 euros par mois. Sara ajuste son budget pour accueillir cette dépense, réduisant les coûts inutiles et augmentant ses revenus avec un travail freelance.

Réviser et Ajuster Régulièrement

La vie change, et votre plan d'épargne doit être suffisamment flexible pour s'adapter à ces changements. Réévaluer régulièrement vos objectifs et ajuster votre plan d'épargne est crucial pour rester aligné avec vos aspirations financières.

Après avoir reçu une promotion, Thomas décide de réévaluer son plan d'épargne. Avec ses revenus augmentés, il ajuste son transfert mensuel automatique d'épargne de 250 à 400 euros. Cette adaptation lui permet de maximiser son épargne et d'atteindre ses objectifs financiers plus rapidement.

En appliquant ces principes d'épargne efficace, vous pouvez bâtir une fondation solide pour votre sécurité financière future. Chaque principe, illustré par ces exemples de la vie réelle, souligne l'importance d'une approche proactive et planifiée de l'épargne. Adopter ces pratiques peut transformer l'épargne d'une tâche ardue en une partie intégrante et gratifiante de votre vie financière.

Créer un Plan d'Épargne

Créer un plan d'épargne est une étape cruciale pour gérer efficacement vos finances et atteindre vos objectifs financiers. Un plan d'épargne bien structuré vous donne une feuille de route claire pour allouer vos ressources de manière à maximiser votre potentiel d'épargne tout en vivant selon vos moyens. Voici comment procéder.

Évaluer votre Situation Financière

Avant de pouvoir établir un plan d'épargne, vous devez avoir une compréhension claire de votre situation financière actuelle. Cela inclut vos revenus, vos dépenses, vos dettes et vos actifs.

Léa, une enseignante de 30 ans, commence par lister son salaire net, ses dépenses mensuelles (loyer, factures, nourriture, loisirs), ses dettes (prêt étudiant, crédit auto) et ses actifs (compte d'épargne, plan de retraite). Elle découvre qu'elle peut raisonnablement épargner 200 euros par mois après avoir couvert toutes ses dépenses essentielles et effectué les paiements minimums sur ses dettes.

Définir des Objectifs Clairs

Avoir des objectifs d'épargne clairs et mesurables est essentiel. Vos objectifs doivent refléter vos priorités financières, qu'il s'agisse de constituer un fonds d'urgence, d'économiser pour un acompte sur une maison, de planifier des vacances, ou de préparer votre retraite.

Léa décide que ses objectifs prioritaires sont de constituer un fonds d'urgence de 3 000 euros, épargner pour un voyage en Asie de 2 000 euros dans deux ans, et augmenter sa contribution à son plan de retraite.

Créer un Budget

Un budget est un outil indispensable pour réaliser votre plan d'épargne. Il vous aide à suivre vos dépenses, à identifier les domaines où vous pouvez économiser davantage, et à réallouer ces économies vers vos objectifs d'épargne.

Léa utilise une application de budgétisation pour catégoriser ses dépenses. Elle remarque qu'elle dépense beaucoup en sorties et abonnements non essentiels. Elle décide de réduire ces dépenses pour augmenter son épargne mensuelle de 200 à 300 euros.

Automatiser l'Épargne

L'automatisation de l'épargne garantit que vous respectez votre plan sans avoir à y penser chaque mois. Cela peut inclure la mise en place de virements automatiques de votre compte courant vers vos comptes d'épargne ou d'investissement.

Léa configure un virement automatique de 150 euros vers son compte d'épargne d'urgence et 50 euros vers un compte d'épargne dédié à son voyage en Asie, directement après la réception de son salaire.

Réviser et Ajuster Régulièrement

Votre situation financière et vos objectifs peuvent changer avec le temps. Il est important de réviser régulièrement votre plan d'épargne pour s'assurer qu'il reste aligné avec vos objectifs actuels.

Un an après, Léa reçoit une augmentation de salaire. Elle décide de réévaluer son plan d'épargne et augmente ses contributions mensuelles pour atteindre ses objectifs plus rapidement. Elle ajoute également un nouvel objectif : épargner pour un acompte sur une maison.

En suivant ces étapes et en s'inspirant des exemples de la vie réelle, vous pouvez créer un plan d'épargne personnalisé qui vous guide vers la réalisation de vos objectifs financiers. Un plan d'épargne efficace est dynamique et flexible, capable de s'adapter aux changements de votre vie tout en vous maintenant sur la voie de la sécurité financière et de la réalisation de vos rêves.

Défis de l'Épargne et Comment les Surmonter

Même avec un plan d'épargne bien conçu, il est courant de rencontrer des défis sur le chemin vers l'atteinte de vos objectifs financiers. Ces obstacles peuvent varier d'une personne à l'autre, mais certains sont universellement reconnus. Identifier ces défis et apprendre à les surmonter est crucial pour assurer la croissance continue de votre épargne.

Gérer les Impulsions de Dépense

L'un des défis les plus courants est la tendance à dépenser impulsivement, ce qui peut rapidement dérailler un plan d'épargne.

Maxime aime la technologie et a du mal à résister à la dernière sortie de gadgets. Cette habitude a souvent conduit à des dépenses imprévues, compromettant son objectif d'épargne pour un fonds d'urgence.

Comment surmonter : Maxime a décidé d'instaurer une "période de réflexion" de 48 heures avant tout achat non essentiel. Cela lui donne le temps de réfléchir sur la nécessité de l'achat et son impact sur ses objectifs d'épargne. Il utilise également une application pour suivre ses dépenses, ce qui l'aide à être plus conscient de ses habitudes de consommation.

L'Épargne dans un Contexte de Faibles Revenus

Pour ceux qui ont un revenu modeste, épargner peut sembler particulièrement difficile, voire impossible.

Nadia travaille dans le secteur de l'hôtellerie et son revenu fluctue en fonction des saisons. Ses dépenses essentielles occupent une grande partie de son budget, laissant peu de place à l'épargne.

Comment surmonter : Nadia a commencé par établir un budget très détaillé pour identifier les dépenses non essentielles qu'elle pouvait réduire. Elle a également cherché des moyens d'augmenter ses revenus, notamment en prenant un petit travail supplémentaire pendant les mois creux. Pour Nadia, même épargner une petite somme chaque mois est un pas dans la bonne direction.

Faire Face aux Imprévus

La vie est pleine d'imprévus, qu'il s'agisse de réparations de voiture, de dépenses médicales ou de pertes d'emploi. Ces événements peuvent rapidement épuiser votre épargne si vous n'êtes pas préparé.

Lorsque la voiture de Julien est tombée en panne, il a dû puiser dans son fonds d'urgence, qu'il avait négligé de reconstituer après un précédent imprévu. Cela l'a laissé vulnérable à de futures dépenses inattendues.

Comment surmonter : Julien a réalisé l'importance de maintenir et de reconstituer activement son fonds d'urgence. Il a ajusté son budget pour y inclure une catégorie spécifique de "reconstitution du fonds d'urgence", traitant ces contributions comme une dépense mensuelle incontournable.

<u>Conseils supplémentaires pour surmonter les défis d'épargne :</u>

Fixez des priorités claires : Concentrez-vous sur vos objectifs d'épargne les plus importants et ajustez vos dépenses en conséquence.

Trouvez un équilibre : Ne sacrifiez pas entièrement votre qualité de vie pour épargner. Trouver un juste milieu vous aidera à rester motivé et à éviter le burnout financier.

Célébrez les petites victoires : Atteindre des jalons dans votre parcours d'épargne mérite d'être célébré. Cela peut renforcer votre motivation et votre engagement envers vos objectifs à long terme.

En reconnaissant ces défis et en mettant en place des stratégies pour les surmonter, vous pouvez maintenir votre trajectoire vers la réalisation de vos objectifs d'épargne, malgré les obstacles. Rappelez-vous, l'épargne est un marathon, pas un sprint. La persévérance et l'adaptabilité sont essentielles pour naviguer dans le paysage financier changeant de la vie.

Exercices Pratiques pour Développer votre Épargne

Intégrer des exercices pratiques dans votre routine financière peut transformer la théorie de l'épargne en une pratique quotidienne enrichissante et efficace. Voici quelques exercices concrets pour vous aider à développer et à renforcer votre habitude d'épargne.

<u>Exercice 1 : Créer un Budget Personnel</u>

Un budget personnel est un outil essentiel pour gérer vos finances. Il vous aide à comprendre où va votre argent et comment vous pouvez réallouer des fonds vers vos objectifs d'épargne.

Étapes :

Listez vos revenus mensuels : Incluez toutes les sources de revenus après impôts.

Dressez la liste de vos dépenses : Catégorisez-les en dépenses fixes (loyer, prêts, assurances) et variables (alimentation, loisirs).

Déterminez vos objectifs d'épargne : Calculez combien vous voulez épargner chaque mois.

Réajustez vos dépenses : Trouvez où vous pouvez réduire pour atteindre vos objectifs d'épargne.

Camille réalise, après avoir créé son budget, qu'elle dépense beaucoup en abonnements non utilisés. Elle décide de les annuler, libérant ainsi 50 euros par mois qu'elle redirige automatiquement vers son épargne.

Exercice 2 : Calcul de l'Intérêt Composé

Comprendre l'impact de l'intérêt composé sur votre épargne peut être un puissant motivateur. Utilisez une calculatrice d'intérêt composé en ligne pour visualiser la croissance de votre épargne.

Étapes :

Choisissez un montant initial d'épargne : Ce peut être zéro si vous commencez juste à épargner.

Définissez votre contribution mensuelle : Combien prévoyez-vous d'épargner chaque mois ?

Entrez le taux d'intérêt annuel : Recherchez le taux moyen pour le type de compte d'épargne que vous utilisez.

Fixez la durée d'épargne : Décidez pour combien d'années vous voulez épargner.

Analysez les résultats : Regardez comment votre épargne croît avec le temps grâce à l'intérêt composé.

Kevin découvre que s'il commence à épargner 200 euros par mois à un taux d'intérêt de 3% annuel, il aura plus de 30 000 euros après 10 ans. Cela le motive à commencer immédiatement.

Exercice 3 : Défi d'Épargne de 30 Jours

Mettre en place un défi d'épargne sur une courte période peut vous aider à démarrer ou à booster votre fonds d'épargne.

Étapes :

Fixez un objectif d'épargne pour le mois :
Choisissez un montant réaliste à épargner en
30 jours.

Identifiez des économies quotidiennes :
Cela peut inclure préparer votre café à la
maison, utiliser les transports en commun, ou
cuisiner au lieu de commander à emporter.

Suivez vos progrès : Tenez un journal de vos
économies chaque jour.

Évaluez à la fin du mois : Voyez si vous avez
atteint votre objectif et réfléchissez à ce que
cette expérience vous a appris.

Sophie se lance dans un défi d'épargne de 30
jours, visant à économiser 150 euros en
évitant les achats impulsifs et en limitant les
sorties au restaurant. À la fin du mois, elle est
surprise de constater qu'elle a non seulement
atteint son objectif, mais l'a dépassé,
économisant 180 euros.

Ces exercices pratiques sont conçus pour vous
aider à développer une mentalité d'épargne, à
prendre conscience de vos habitudes de
dépense, et à renforcer votre capacité à
atteindre vos objectifs financiers. En les

intégrant régulièrement dans votre routine financière, vous pourrez mieux contrôler vos finances et progresser vers la réalisation de vos ambitions d'épargne.

CHAPITRE 2 : FONDAMENTAUX DE L'INVESTISSEMENT

Introduction à l'Investissement

<u>Pourquoi Investir ?</u>

Investir est une démarche cruciale pour quiconque aspire à une sécurité financière et à la réalisation de ses objectifs à long terme. Voici pourquoi l'investissement est essentiel dans le cadre d'une stratégie financière globale.

Préparation pour la Retraite

La retraite est souvent considérée comme une période où l'on souhaite profiter de la vie sans les contraintes du travail à temps plein. Cependant, maintenir le même niveau de vie sans un revenu régulier nécessite une planification et une épargne conséquentes. L'investissement offre la possibilité de faire fructifier vos économies au-delà de l'inflation, assurant ainsi que vous disposiez de suffisamment de ressources pour soutenir votre style de vie pendant la retraite.

Élodie, enseignante, commence à investir dans un plan d'épargne-retraite dès l'âge de 30 ans. En choisissant une combinaison judicieuse d'actions et de fonds à faible coût, elle bénéficie de l'intérêt composé et voit son investissement croître de manière significative au fil des décennies, lui assurant une retraite confortable.

Génération de Revenus Passifs

Les investissements peuvent générer des revenus passifs sous forme de dividendes, d'intérêts ou de loyers, complétant votre revenu du travail ou d'autres sources. Cela peut être particulièrement utile dans des périodes où vous ne pouvez pas travailler ou si vous souhaitez réduire vos heures de travail.

Marc investit dans un portefeuille diversifié d'actions qui versent des dividendes et de biens immobiliers locatifs. Ces investissements lui fournissent un flux régulier de revenus passifs, lui offrant la flexibilité de travailler moins tout en maintenant son niveau de vie.

Atteinte des Objectifs Financiers à Long Terme

Que ce soit pour l'achat d'une maison, le financement des études de vos enfants, ou la réalisation d'un projet personnel ambitieux, les objectifs financiers à long terme nécessitent souvent plus de capitaux que ce que l'on peut économiser simplement en mettant de l'argent de côté. L'investissement peut accélérer la croissance de votre épargne et vous aider à atteindre ces objectifs plus rapidement.

Sophie et Julien économisent pour acheter leur première maison. En investissant une partie de leur épargne dans des fonds indiciels, ils bénéficient d'un rendement moyen supérieur à celui d'un compte d'épargne classique. Cela leur permet d'atteindre leur objectif d'acompte plusieurs années plus tôt que prévu.

Investir n'est pas seulement une question de croissance du patrimoine : c'est un moyen essentiel pour sécuriser votre avenir financier, générer des revenus supplémentaires et atteindre vos objectifs de vie. Bien qu'il existe des risques associés à tout type d'investissement, une stratégie bien pensée et une diversification judicieuse peuvent minimiser ces risques tout en maximisant les chances de succès à long terme.

Risques et Rendements

La relation entre risques et rendements est l'un des concepts fondamentaux en investissement. Comprendre cette dynamique est crucial pour tout investisseur, car elle influence fortement les décisions d'allocation d'actifs et la construction de portefeuille. Voici une exploration approfondie de la notion de risques et rendements.

La Nature du Risque et du Rendement

Le Risque : En finance, le risque est la possibilité que le rendement réel d'un investissement diffère de celui attendu, incluant la possibilité de perdre une partie ou la totalité du capital investi. Le risque varie considérablement selon les types d'investissements : les actions sont généralement plus risquées que les obligations, mais offrent également le potentiel de rendements plus élevés.

Le Rendement : Le rendement est le gain ou la perte généré sur un investissement sur une période donnée, exprimé en pourcentage du montant investi. Il peut provenir de la valeur croissante de l'investissement (plus-value) ou des revenus générés par l'investissement, tels que les intérêts ou les dividendes.

Comprendre le Lien entre Risque et Rendement

La règle générale est que le potentiel de rendement augmente avec le niveau de risque. Cela signifie que pour obtenir des rendements plus élevés, un investisseur doit être prêt à accepter un risque plus élevé. Cependant, cela ne signifie pas qu'une approche à haut risque est toujours la meilleure stratégie pour tous les investisseurs. La tolérance au risque, l'horizon de temps et les objectifs financiers individuels jouent tous un rôle crucial dans la détermination de la stratégie d'investissement appropriée.

La Relation Risque/Rendement

Imaginons deux investisseurs, Alice et Bob. Alice investit dans un fonds indiciel qui suit le S&P 500, acceptant ainsi un niveau de risque modéré en échange du potentiel de rendements solides à long terme. Bob, d'autre part, choisit d'investir dans une start-up technologique prometteuse. Son investissement comporte un risque beaucoup plus élevé, étant donné l'incertitude entourant le succès de la start-up, mais il pourrait également générer un rendement exceptionnel si la start-up réussit.

Au bout de quelques années, le fonds d'Alice a généré un rendement annuel moyen de 7%, reflétant la croissance générale du marché. L'investissement de Bob, quant à lui, a quadruplé de valeur après que la start-up a lancé un produit révolutionnaire. Cependant, il est important de noter que pour chaque histoire de succès comme celle de Bob, il y a plusieurs autres investissements à haut risque qui échouent, entraînant des pertes significatives.

Stratégies pour Gérer le Risque

Diversification : Ne mettez pas tous vos œufs dans le même panier. Répartir vos investissements entre différentes classes d'actifs peut réduire le risque global de votre portefeuille.

Compréhension des Tendances du Marché : Restez informé sur les conditions économiques et les tendances du marché qui peuvent affecter vos investissements.

Allocation d'Actifs : Ajustez la répartition de vos investissements en fonction de votre tolérance au risque et de vos objectifs financiers. Par exemple, les investisseurs proches de la retraite peuvent privilégier les investissements plus sûrs comme les obligations, tandis que ceux qui ont plus de temps peuvent se permettre de prendre plus de risques en investissant dans des actions.

En conclusion, comprendre la relation entre risque et rendement est essentiel pour tout investisseur. En acceptant et en gérant judicieusement le risque, il est possible de maximiser les rendements et d'atteindre vos objectifs financiers. La clé est de développer une stratégie d'investissement équilibrée qui tient compte de votre situation financière unique, de vos objectifs et de votre tolérance au risque.

Débuter dans l'Investissement

Débuter dans l'investissement est une étape cruciale vers la construction d'un avenir financier solide. Voici des conseils et des stratégies pour bien démarrer votre parcours d'investissement.

Choix de la Première Plateforme d'Investissement ou Courtier

La sélection d'une plateforme d'investissement ou d'un courtier est l'une des premières décisions que vous aurez à prendre. Ces plateformes agissent comme des intermédiaires entre vous et les marchés financiers, vous permettant d'acheter et de vendre des actifs.

Recherchez les Frais : Comparez les frais de transaction, les frais de gestion de compte et d'autres coûts potentiels. Les frais réduisent directement vos rendements, donc moins vous payez, mieux c'est.

Évaluez les Outils et Ressources : Certaines plateformes offrent des outils d'analyse, des informations de marché et des conseils éducatifs qui peuvent être très utiles pour les débutants.

Considérez la Facilité d'Utilisation : Surtout si vous êtes débutant, choisir une plateforme intuitive et facile à utiliser peut rendre l'expérience d'investissement beaucoup moins intimidante.

Définir un Budget Initial pour l'Investissement

Il est important de commencer par un budget d'investissement qui ne met pas en péril votre sécurité financière.

Commencez Petit : Vous n'avez pas besoin d'une somme énorme pour commencer. De nombreuses plateformes d'investissement permettent de commencer avec de petites sommes. Cela peut vous aider à vous habituer à l'investissement sans prendre de grands risques financiers.

Investissez Régulièrement : Considérez l'approche de l'investissement programmé (dollar-cost averaging) où vous investissez une petite somme de manière régulière. Cela peut réduire l'impact de la volatilité du marché sur votre investissement global.

Importance de l'Éducation Financière et de la Recherche

L'éducation est votre plus grand atout en matière d'investissement. Plus vous comprenez les marchés, les différents types d'actifs et les stratégies d'investissement, mieux vous serez équipé pour prendre des décisions éclairées.

Lisez des Livres et des Articles : Il existe d'innombrables ressources disponibles pour apprendre les bases de l'investissement. Des classiques comme "L'investisseur intelligent" de Benjamin Graham à des blogs et des articles en ligne, l'éducation financière est accessible à tous.

Suivez des Cours en Ligne : De nombreuses plateformes offrent des cours gratuits ou payants sur l'investissement qui peuvent vous aider à construire une base solide de connaissances.

Utilisez les Simulateurs d'Investissement : Avant de mettre de l'argent réel en jeu, vous pouvez tester vos stratégies d'investissement avec des simulateurs en ligne. Cela peut vous donner une bonne idée de la manière dont les marchés fonctionnent sans aucun risque financier.

Commencer avec une Stratégie Claire

Développez une stratégie d'investissement qui correspond à vos objectifs financiers, à votre horizon temporel et à votre tolérance au risque.

Déterminez Vos Objectifs : Qu'il s'agisse de préparer votre retraite, d'acheter une maison ou d'économiser pour l'éducation de vos enfants, avoir des objectifs clairs peut vous aider à choisir les bons investissements.

Comprenez Votre Tolérance au Risque :
Cela vous aidera à décider de la répartition de votre portefeuille entre actions, obligations, fonds immobiliers, cryptomonnaies, etc.

Planifiez à Long Terme : L'investissement est plus efficace lorsque vous avez une perspective à long terme. Évitez de réagir de manière excessive aux fluctuations à court terme du marché.

Débuter dans l'investissement peut sembler intimidant, mais avec les bons outils, les bonnes connaissances et une stratégie réfléchie, vous pouvez poser les fondations d'un avenir financier prospère. Rappelez-vous, l'investissement est un marathon, pas un sprint. La patience, la persévérance et l'apprentissage continu sont essentiels pour réussir.

Comprendre les Types
d'Investissements

Investissements en Actions

L'investissement en actions est une composante clé de nombreux portefeuilles financiers, offrant le potentiel de rendements élevés mais comportant également un niveau de risque plus élevé. Voici une exploration plus approfondie de l'investissement en actions.

Avantages des Actions

Potentiel de Croissance Élevé : Historiquement, les actions ont offert des rendements plus élevés que les obligations ou les comptes d'épargne sur le long terme. Cela les rend attrayantes pour les investisseurs cherchant à augmenter leur capital.

Participation aux Profits d'Entreprises : En détenant des actions, vous devenez propriétaire d'une part de l'entreprise, ce qui vous donne droit à une part de ses profits, souvent sous forme de dividendes.

Liquidité : Les actions cotées sur les principaux marchés boursiers peuvent être facilement achetées et vendues pendant les heures de marché, offrant une liquidité supérieure à celle de nombreux autres types d'investissements.

Risques des Actions

Volatilité : Les prix des actions peuvent être hautement volatils, fluctuant considérablement en réponse aux performances de l'entreprise, aux conditions économiques et à d'autres facteurs externes. Cela peut entraîner des pertes importantes à court terme.

Risque de Perte de Capital : Il est possible de perdre une partie ou la totalité de votre investissement si une entreprise sous-performe ou fait faillite.

Complexité : Le marché des actions est influencé par de nombreux facteurs, y compris des considérations économiques, politiques et sociales, ce qui peut rendre difficile la prise de décisions d'investissement éclairées sans une recherche approfondie ou des conseils d'experts.

Comment Démarrer avec les Actions

Éducation : Avant d'investir, il est crucial de comprendre comment fonctionnent les marchés boursiers, les différents types d'actions (par exemple, actions ordinaires vs actions privilégiées), et comment lire les rapports financiers et évaluer la santé d'une entreprise.

Définition d'une Stratégie : Déterminez vos objectifs d'investissement, votre horizon de temps et votre tolérance au risque. Cela vous aidera à choisir entre une stratégie d'investissement agressive, modérée ou conservatrice.

Diversification : Pour minimiser le risque, ne mettez pas tous vos fonds dans une seule action ou un seul secteur. Répartissez vos investissements entre plusieurs entreprises et industries.

Stratégies d'Investissement en Actions

Investissement de Valeur : Cette stratégie implique la recherche d'actions sous-évaluées par le marché qui ont le potentiel de croître. Les investisseurs de valeur cherchent des entreprises solides dont les prix des actions ne reflètent pas leur véritable valeur en raison de circonstances temporaires.

Investissement de Croissance : Les investisseurs de croissance se concentrent sur les entreprises qui présentent un potentiel de croissance supérieur à la moyenne, même si leurs actions semblent chères. L'idée est que ces entreprises continueront de croître rapidement, ce qui entraînera une augmentation du prix de leurs actions.

Investissement Dividende : Certains investisseurs préfèrent les entreprises qui versent des dividendes réguliers, fournissant un revenu passif. Ces entreprises sont souvent plus stables, mais peuvent offrir un potentiel de croissance plus faible.

Actions Ordinaires vs Actions Privilégiées

Actions Ordinaires :

Droits de Vote : Les détenteurs d'actions ordinaires ont généralement le droit de voter lors des assemblées générales des actionnaires, ce qui leur permet d'influencer la direction de l'entreprise.

Dividendes : Les dividendes des actions ordinaires sont variables et dépendent de la performance et des décisions de l'entreprise. Ils sont généralement payés après les dividendes des actions privilégiées.

Potentiel de Rendement : Bien que plus risquées, les actions ordinaires offrent un potentiel de croissance plus élevé par rapport aux actions privilégiées, surtout si l'entreprise se développe rapidement.

Actions Privilégiées :

Dividendes Préférentiels : Les détenteurs d'actions privilégiées reçoivent des dividendes fixes avant que les détenteurs d'actions ordinaires ne soient payés. Ces dividendes sont généralement plus sécurisés, même en cas de difficultés financières de l'entreprise.

Absence de Droits de Vote : En règle générale, les actions privilégiées n'offrent pas de droits de vote aux actionnaires.

Priorité en cas de Liquidation : En cas de liquidation de l'entreprise, les détenteurs d'actions privilégiées sont payés avant ceux d'actions ordinaires, bien qu'après les créanciers et les détenteurs d'obligations.

Comprendre les Indicateurs de Performance des Actions

PE Ratio (Price to Earnings Ratio):

Le ratio cours/bénéfice (PE Ratio) mesure le prix actuel d'une action par rapport à son bénéfice par action (EPS). Un PE élevé pourrait indiquer que l'action est surévaluée ou que les investisseurs s'attendent à une croissance des bénéfices. Un PE plus faible peut suggérer que l'action est sous-évaluée ou que l'entreprise est confrontée à des difficultés.

Dividend Yield :

Le rendement du dividende est le pourcentage que représente le dividende annuel d'une action par rapport à son prix de marché. Un rendement élevé peut être attrayant pour les investisseurs cherchant des revenus, mais il peut aussi indiquer que l'entreprise est en difficulté et que le prix de l'action a baissé.

Rendement des Capitaux Propres (ROE) :

Le rendement des capitaux propres mesure la rentabilité d'une entreprise en comparant le bénéfice net au capital propre des actionnaires. Un ROE élevé indique une gestion efficace et la capacité de l'entreprise à générer des profits avec les fonds des actionnaires.

L'investissement en actions offre à la fois des opportunités et des défis. Avec le potentiel de rendements élevés vient un risque accru. Une approche bien informée et stratégique peut cependant transformer cet équilibre risque-rendement en votre faveur. En restant éduqué, en diversifiant vos investissements et en adoptant une stratégie d'investissement alignée avec vos objectifs financiers et votre tolérance au risque, vous pouvez tirer parti du potentiel de croissance des investissements en actions pour atteindre vos objectifs financiers à long terme.

Investissements en Obligations

Les obligations sont des instruments de dette qui permettent aux émetteurs (gouvernements, municipalités, sociétés) de financer de nouveaux projets ou de rembourser des dettes existantes. Les investisseurs en obligations prêtent de l'argent à l'émetteur en échange de paiements d'intérêts réguliers et du remboursement du principal à l'échéance. Comprendre le fonctionnement des obligations, l'impact des taux d'intérêt sur leur prix, et les différences entre les obligations gouvernementales et d'entreprises est essentiel pour tout investisseur.

Fonctionnement des Obligations et Types d'Obligations

Fonctionnement des Obligations :

Une obligation est caractérisée par son nominal (valeur faciale), son taux d'intérêt (coupon), et sa date d'échéance. L'investisseur reçoit des paiements d'intérêts périodiques basés sur le taux d'intérêt de l'obligation et est remboursé du montant nominal à l'échéance.

Types d'Obligations :

Obligations Gouvernementales : Émises par les gouvernements nationaux, elles sont considérées comme parmi les plus sûres, surtout dans les pays avec une économie stable.

Obligations Municipales : Émises par les États, villes ou autres entités municipales pour financer des projets publics. Elles offrent souvent des avantages fiscaux.

Obligations d'Entreprises : Émises par les sociétés pour lever des capitaux. Elles tendent à offrir des taux d'intérêt plus élevés en raison d'un risque accru comparé aux obligations gouvernementales.

Comment les Taux d'Intérêt Affectent les Prix des Obligations

Les prix des obligations et les taux d'intérêt ont une relation inverse. Lorsque les taux d'intérêt montent, les prix des obligations existantes sur le marché tendent à baisser, et inversement. Cela s'explique par le fait que les investisseurs cherchent à obtenir les meilleurs rendements possibles. Par exemple, si une obligation émise à 5% est sur le marché et que les nouvelles émissions offrent 6%, la valeur de l'obligation existante baissera car elle devient moins attractive en comparaison.

Obligations Gouvernementales vs. Obligations d'Entreprises

Obligations Gouvernementales :

Sécurité : Généralement considérées comme de faible risque, surtout dans les pays avec une économie forte.

Rendement : Offrent souvent des rendements plus bas en raison de cette sécurité accrue.

Exemples : Les bons du Trésor américains (T-bonds, T-notes, T-bills) et les obligations d'État dans d'autres pays.

Obligations d'Entreprises :

Risque : Présentent un risque plus élevé que les obligations gouvernementales, dépendant de la santé financière de l'entreprise.

Rendement : Pour compenser le risque accru, elles offrent généralement des rendements plus élevés.

Évaluation : Les agences de notation évaluent le risque de crédit des obligations d'entreprises, avec des notations allant de AAA (très sûr) à D (en défaut).

Les obligations, qu'elles soient gouvernementales ou d'entreprises, jouent un rôle important dans la diversification des portefeuilles d'investissement, offrant des flux de revenus réguliers et une volatilité généralement plus faible par rapport aux actions. La compréhension de leurs mécanismes, de leur sensibilité aux taux d'intérêt et du profil de risque associé à chaque type est fondamentale pour naviguer avec succès dans le domaine de l'investissement en obligations.

<u>Fonds Communs de Placements et ETFs</u>

Les Fonds Communs de Placement (FCP) et les Fonds Négociés en Bourse (ETFs) sont deux véhicules d'investissement populaires qui offrent aux investisseurs une manière efficace de diversifier leurs portefeuilles. Bien que partageant des similitudes, ils présentent des différences significatives qui peuvent influencer le choix d'un investisseur en fonction de ses objectifs financiers, de sa tolérance au risque et de sa stratégie d'investissement.

Différences entre Fonds Communs de Placement et ETFs

Fonds Communs de Placement (FCP) :

Gestion : Gérés activement par des gestionnaires de fonds qui sélectionnent et surveillent les investissements du fonds.

Transactions : Achats et ventes effectués directement avec le fonds à la fin de la journée de trading, au prix net d'inventaire (NAV) du jour.

Investissement Minimum : Souvent, il existe un montant minimum pour investir dans un FCP.

Fonds Négociés en Bourse (ETFs) :

Gestion : Peuvent être gérés activement, mais la plupart sont des fonds indiciels qui suivent un indice spécifique.

Transactions : Achats et ventes se font sur une bourse, comme les actions, à des prix qui peuvent varier tout au long de la journée de trading.

Investissement Minimum : Généralement, il n'y a pas de montant minimum au-delà du prix d'une action de l'ETF.

Avantages de la Diversification avec les Fonds et ETFs

L'un des principaux avantages des FCP et des ETFs est leur capacité à offrir une diversification instantanée, même avec un investissement relativement petit. Cela permet aux investisseurs de réduire leur risque sans devoir acheter individuellement chaque action ou obligation.

Réduction du Risque : En investissant dans une large gamme d'actifs, les FCP et les ETFs aident à répartir le risque.

Accès à Plusieurs Marchés : Ils offrent un accès facile à divers secteurs, régions géographiques et classes d'actifs, certains pouvant être difficiles d'accès pour un investisseur individuel.

Comprendre les Frais de Gestion et Leur Impact sur le Rendement

Les frais associés aux FCP et aux ETFs peuvent avoir un impact significatif sur les rendements d'investissement à long terme.

Frais de Gestion :

Les FCP ont tendance à avoir des frais de gestion plus élevés en raison de leur gestion active, qui nécessite une recherche et une analyse approfondies.

Les ETFs ont généralement des frais de gestion plus bas, surtout pour les fonds indiciels, car ils nécessitent moins de gestion active.

Autres Frais :

FCP : Peuvent inclure des frais de souscription ou de rachat.

ETFs : Comme ils sont négociés sur des bourses, les investisseurs doivent payer des frais de courtage lors de l'achat et de la vente.

Impact sur le Rendement :

Même des différences apparemment mineures dans les frais de gestion peuvent s'accumuler et réduire considérablement le montant total de l'épargne-retraite ou de l'investissement au fil du temps. Il est crucial pour les investisseurs de comprendre tous les frais associés à leurs investissements et de considérer comment ceux-ci peuvent affecter leurs rendements à long terme.

En résumé, les FCP et les ETFs offrent des moyens efficaces de diversifier les portefeuilles d'investissement, mais il est important de comprendre les différences entre ces véhicules, en particulier en ce qui concerne la structure des frais, pour faire des choix éclairés qui alignent avec vos objectifs financiers et votre stratégie d'investissement.

Investissements dans l'Immobilier

L'investissement immobilier représente une composante importante de nombreuses stratégies d'investissement, offrant potentiellement des rendements élevés, une génération de revenus passifs, et des avantages fiscaux. Cependant, comme tout investissement, il comporte des risques et nécessite une compréhension approfondie des différentes façons d'investir dans l'immobilier et des facteurs clés qui influencent la rentabilité.

Façons d'Investir dans l'Immobilier

Achat Direct de Propriétés : L'achat de propriétés résidentielles, commerciales ou industrielles pour les louer peut générer des revenus locatifs réguliers ainsi qu'une appréciation du capital à long terme. Cela nécessite une gestion active, de l'entretien des propriétés à la gestion des locataires.

Fonds d'Investissement Immobilier (REITs) : Les REITs permettent aux investisseurs d'acheter des parts dans des portefeuilles diversifiés de biens immobiliers. Ils sont attrayants pour les investisseurs recherchant des revenus passifs, car les REITs sont tenus de distribuer une grande partie de leurs bénéfices imposables sous forme de dividendes.

Crowdfunding Immobilier : Cette approche permet aux investisseurs de contribuer à des projets immobiliers spécifiques en ligne, généralement pour le développement ou la rénovation de propriétés. Le crowdfunding offre l'accès à des investissements immobiliers avec un capital initial plus faible comparé à l'achat direct.

Sociétés de Placement Immobilier (SCI) : Les SCI permettent aux investisseurs de regrouper leur capital pour acheter, gérer et vendre des propriétés immobilières. Elles offrent une structure légale pour gérer conjointement les investissements immobiliers.

Avantages de l'Investissement Immobilier

Flux de Revenus : Les propriétés locatives peuvent fournir un flux constant de revenus locatifs, qui peut être une source significative de revenus passifs.

Appréciation : La valeur des propriétés immobilières a tendance à augmenter avec le temps, offrant aux investisseurs la possibilité de réaliser un gain en capital lors de la revente.

Diversification : L'immobilier présente souvent une corrélation faible avec d'autres classes d'actifs, ce qui en fait un excellent outil de diversification pour réduire le risque global du portefeuille.

Avantages Fiscaux : Les investissements immobiliers peuvent offrir divers avantages fiscaux, comme la déduction des intérêts hypothécaires, des dépenses d'exploitation, et de l'amortissement.

Facteurs Clés à Considérer

Emplacement : L'emplacement est crucial dans l'immobilier. Les propriétés situées dans des zones à forte demande locative ou avec un potentiel de croissance économique peuvent offrir de meilleurs rendements.

Gestion de la Propriété : La gestion des propriétés, y compris la maintenance et la gestion des locataires, peut être exigeante en temps et en ressources.

Liquidité : L'immobilier est généralement considéré comme un investissement à long terme en raison de sa liquidité relativement faible comparée aux actions ou aux obligations.

Risques du Marché : L'investissement immobilier est sujet aux cycles du marché immobilier, qui peuvent affecter la rentabilité des investissements.

En résumé, l'investissement immobilier peut jouer un rôle précieux dans un portefeuille diversifié, offrant des revenus locatifs, une appréciation potentielle, et des avantages fiscaux. Cependant, il est essentiel d'évaluer attentivement les risques, de réaliser des recherches approfondies, et de considérer votre capacité à gérer les aspects pratiques de l'investissement immobilier avant de s'engager.

Investissement en Cryptomonnaie

L'investissement en cryptomonnaie est devenu un sujet brûlant dans le monde de la finance, attirant à la fois l'intérêt et la controverse en raison de sa volatilité élevée et de son potentiel de gains importants. Les cryptomonnaies, telles que Bitcoin, Ethereum, et d'autres altcoins, représentent une classe d'actifs numériques basée sur la technologie blockchain. Voici un aperçu approfondi de l'investissement en cryptomonnaie, couvrant ses avantages, risques, et stratégies pour débutants.

Avantages de l'Investissement en Cryptomonnaie

Potentiel de Rendement Élevé : Les cryptomonnaies ont montré un potentiel de croissance explosif, avec des gains significatifs pour ceux qui ont investi tôt. Cette volatilité peut offrir des opportunités de profit substantielles dans de courts laps de temps.

Accessibilité : Les cryptomonnaies sont accessibles à quiconque dispose d'une connexion internet, permettant à un large public d'investir sans avoir besoin d'intermédiaires financiers traditionnels.

Diversification : Comme les cryptomonnaies fonctionnent de manière relativement indépendante des marchés financiers traditionnels, elles peuvent offrir une option de diversification pour les portefeuilles d'investissement.

Innovation et Potentiel de Croissance : L'investissement en cryptomonnaies permet également de participer à l'innovation dans le domaine de la blockchain et des technologies financières, secteurs susceptibles de connaître une croissance considérable.

Risques de l'Investissement en Cryptomonnaie

Volatilité Extrême : Les prix des cryptomonnaies peuvent connaître des fluctuations extrêmes en très peu de temps, ce qui peut entraîner des pertes importantes tout aussi rapidement que des gains.

Risque de Perte Totale : La nature spéculative de l'investissement en cryptomonnaies signifie que les investisseurs peuvent perdre l'intégralité de leur investissement, surtout s'ils investissent dans des projets moins établis ou frauduleux.

Manque de Régulation : Le marché des cryptomonnaies est moins réglementé que les marchés financiers traditionnels, ce qui peut augmenter le risque de fraude et de manipulation de marché.

Technologie en Évolution : La technologie blockchain sous-jacente est encore en développement. Des changements significatifs dans la technologie ou dans la régulation légale pourraient avoir un impact négatif sur la valeur des cryptomonnaies.

Stratégies pour Débutants

Éducation : Avant d'investir, il est crucial de comprendre comment fonctionnent les cryptomonnaies, la technologie blockchain, et le marché spécifique dans lequel vous souhaitez investir.

Investissement Progressif : Commencez avec de petites sommes d'argent que vous pouvez vous permettre de perdre. Cela vous permettra de vous familiariser avec la volatilité du marché sans mettre en péril vos finances.

Diversification : Ne placez pas tout votre capital dans une seule cryptomonnaie. Répartir votre investissement entre différentes monnaies peut réduire le risque global.

Sécurité : Utilisez des portefeuilles sécurisés pour stocker vos cryptomonnaies et soyez conscient des risques de sécurité en ligne, comme le phishing et les logiciels malveillants.

Vision à Long Terme : Malgré la volatilité à court terme, envisagez de conserver vos investissements sur le long terme pour bénéficier de la croissance potentielle du marché des cryptomonnaies.

En conclusion, bien que l'investissement en cryptomonnaies offre un potentiel de rendement élevé et une opportunité d'innovation, il est accompagné d'un niveau de risque significatif. Une approche prudente, bien informée et stratégique est essentielle pour naviguer avec succès dans ce marché émergent.

Principes de l'Investissements Efficace

Diversification

La diversification est une stratégie d'investissement essentielle visant à répartir les risques en allouant les investissements entre diverses classes d'actifs, secteurs, et géographies. Elle repose sur le principe que différents actifs se comportent de manière variée sous diverses conditions de marché, réduisant ainsi le risque global du portefeuille.

Pourquoi la Diversification est Cruciale pour Réduire le Risque

Réduction de la Volatilité : En investissant dans une variété d'actifs, la performance négative de certains peut être compensée par la performance positive d'autres, résultant en une volatilité globale plus faible du portefeuille.

Protection contre l'Incertitude : Les marchés financiers sont imprévisibles. La diversification aide à protéger contre les pertes inattendues dues à des événements économiques, politiques ou sociaux spécifiques affectant certaines industries ou régions.

Potentiel de Rendement : Alors que la diversification vise principalement à réduire le risque, elle peut aussi ouvrir des opportunités de gains en exposant l'investisseur à une plus large gamme d'actifs ayant le potentiel de performances supérieures.

Exemples de Stratégies de Diversification

Diversification par Classe d'Actifs : Cela implique d'investir dans un mélange d'actions, d'obligations, de fonds immobiliers (REITs), et d'autres instruments financiers. Les actions offrent un potentiel de croissance élevé mais avec plus de risque, tandis que les obligations tendent à être plus stables mais avec des rendements plus faibles.

Diversification Sectorielle : Investir dans différentes industries (technologie, santé, finance, énergie, etc.) pour se protéger contre les fluctuations d'un secteur spécifique.

Diversification Géographique : Répartir les investissements entre différents pays ou régions pour minimiser les risques liés à une économie particulière. Cela est particulièrement pertinent dans un contexte de mondialisation où les événements dans une région peuvent affecter les marchés mondiaux.

Diversification au Sein de Différentes Classes d'Actifs et Géographies

Classes d'Actifs : La diversification au sein de classes d'actifs signifie ne pas se limiter uniquement aux actions domestiques, mais aussi inclure des obligations, des fonds négociés en bourse (ETFs), des fonds communs de placement, des REITs, et potentiellement des actifs alternatifs comme les matières premières ou la cryptomonnaie. Chaque classe d'actifs répond différemment aux mêmes conditions économiques, offrant ainsi une couche supplémentaire de protection contre les pertes.

Géographies : Investir dans des marchés internationaux peut non seulement offrir un accès à des opportunités de croissance dans des économies émergentes, mais aussi réduire le risque lié aux fluctuations économiques et politiques d'un seul pays. Cela peut être réalisé directement par l'achat d'actions ou d'obligations étrangères, ou indirectement via des ETFs et des fonds communs de placement internationaux.

En résumé, la diversification est un pilier fondamental de la gestion des risques en investissement. Une stratégie de diversification bien planifiée peut aider à atténuer les pertes pendant les périodes de turbulence du marché et à positionner le portefeuille pour une croissance à long terme. Comme toujours, il est essentiel d'évaluer régulièrement et d'ajuster votre stratégie de diversification en fonction des changements dans les conditions de marché et dans vos objectifs financiers personnels.

Perspective à Long-Terme

Adopter une perspective à long terme est fondamental dans la stratégie d'investissement, particulièrement dans un environnement de marché volatile. Cette approche se concentre sur la détention d'investissements sur plusieurs années, voire décennies, plutôt que de chercher à réaliser des gains rapides à travers des mouvements de marché à court terme. Voici pourquoi cette perspective est cruciale et comment elle peut bénéficier à l'investisseur.

Importance de l'Investissement à Long Terme

Réduction des Effets de la Volatilité : À court terme, les marchés financiers peuvent être extrêmement volatils, avec des prix qui fluctuent en réponse à des événements économiques, politiques, et même sociaux. Sur le long terme, cependant, ces fluctuations tendent à s'équilibrer, et la tendance générale des marchés boursiers est à la hausse.

Capitalisation sur la Croissance Économique : L'investissement à long terme permet aux investisseurs de capitaliser sur la croissance économique globale, les expansions d'entreprises, et les innovations technologiques, qui peuvent se traduire par une augmentation de la valeur des investissements.

Élimination du Timing du Marché : Prédire les mouvements de marché à court terme est extrêmement difficile, même pour les investisseurs professionnels. Une stratégie à long terme élimine le besoin de timing parfait, réduisant le stress et potentiellement augmentant les rendements.

Comment Résister à la Volatilité du Marché

Diversification : Comme mentionné précédemment, la diversification entre différentes classes d'actifs et géographies peut aider à atténuer l'impact de la volatilité sur votre portefeuille global.

Vision à Long Terme : Gardez en tête vos objectifs d'investissement à long terme et résistez à la tentation de réagir de manière excessive aux mouvements de marché à court terme. Les corrections de marché sont normales et peuvent offrir des opportunités d'achat.

Planification Financière Solide : Assurez-vous que votre stratégie d'investissement est alignée avec vos objectifs financiers personnels, votre horizon de temps et votre tolérance au risque.

Réinvestissement des Dividendes et Effet de l'Intérêt Composé

Puissance du Réinvestissement : Réinvestir les dividendes plutôt que de les prendre en cash peut avoir un impact significatif sur la croissance de votre investissement à long terme. Cela permet d'acheter plus d'actions, qui à leur tour généreront plus de dividendes, créant ainsi un cycle de croissance exponentielle.

Effet de l'Intérêt Composé : L'intérêt composé est souvent appelé la huitième merveille du monde pour sa capacité à accélérer la croissance des investissements. Plus vous laissez votre argent investi, plus l'effet de l'intérêt composé est puissant, augmentant de manière significative la valeur de votre portefeuille au fil du temps.

Si vous investissez 10 000 $ avec un rendement annuel moyen de 7%, en réinvestissant les gains plutôt que de les retirer, votre investissement vaudrait environ 76 123 $ après 30 ans, grâce à l'intérêt composé. Sans réinvestissement, avec les gains simplement retirés chaque année, la croissance serait bien moindre.

Adopter une perspective à long terme et réinvestir les gains peut transformer des investissements relativement modestes en sommes substantielles au fil du temps. Cette approche nécessite patience, discipline et une tolérance pour les hauts et bas inévitables du marché, mais l'histoire a montré qu'elle est souvent récompensée par des rendements significatifs.

Analyse et Recherche

L'analyse et la recherche sont des composantes essentielles de toute stratégie d'investissement réussie. Elles fournissent les informations nécessaires pour évaluer les opportunités d'investissement, comprendre les risques et prendre des décisions éclairées. Examinons de plus près comment l'analyse fondamentale, l'analyse technique, et une connaissance approfondie des marchés et des actualités économiques peuvent améliorer votre stratégie d'investissement.

Comprendre les Fondamentaux et l'Analyse Technique

Analyse Fondamentale : Cette approche se concentre sur l'évaluation de la santé financière et de la valeur intrinsèque d'une entreprise. Elle implique l'examen des états financiers, des ratios de performance, des produits et services de l'entreprise, de son positionnement dans l'industrie, et de facteurs externes tels que l'environnement économique et les conditions du marché. L'objectif est de déterminer si une action est surévaluée, sous-évaluée, ou correctement valorisée.

Analyse Technique : Contrairement à l'analyse fondamentale, l'analyse technique se concentre sur les tendances des prix et des volumes de transactions dans le passé pour prédire les mouvements futurs des prix. Les analystes techniques utilisent divers outils et indicateurs, tels que les moyennes mobiles et le RSI (Relative Strength Index), pour identifier les modèles de prix et prendre des décisions d'achat ou de vente.

Importance de Rester Informé sur les Marchés Financiers et les Actualités Économiques

Les marchés financiers sont influencés par une multitude de facteurs, allant des politiques monétaires et fiscales des gouvernements aux événements géopolitiques et aux catastrophes naturelles. Restez informé des actualités économiques et des tendances des marchés financiers pour comprendre comment ces événements peuvent affecter vos investissements. Cela inclut le suivi des annonces de la banque centrale, des rapports économiques, des résultats d'entreprise, et des développements internationaux.

Utiliser les Rapports Financiers et les Indicateurs Économiques pour Prendre des Décisions d'Investissement Éclairées

Rapports Financiers : Les rapports annuels et trimestriels fournissent une mine d'informations sur la performance financière et la stratégie d'une entreprise. Les bilans, les comptes de résultat, et les flux de trésorerie révèlent la santé financière, la rentabilité, et la liquidité de l'entreprise. Analyser ces documents peut aider à identifier les entreprises solides et à fort potentiel de croissance.

Indicateurs Économiques : Les données économiques, telles que le PIB, le taux de chômage, l'inflation, et les indices de confiance des consommateurs et des entreprises, fournissent des indications sur la santé générale de l'économie. Comprendre comment ces indicateurs affectent les marchés et les secteurs spécifiques peut être crucial pour anticiper les tendances d'investissement.

En conclusion, une stratégie d'investissement réussie repose sur une recherche et une analyse approfondies. L'analyse fondamentale et technique, combinée à une veille constante des actualités économiques et des marchés financiers, permet aux investisseurs de prendre des décisions bien informées. En outre, l'examen régulier des rapports financiers et l'interprétation des indicateurs économiques jouent un rôle essentiel dans l'évaluation des opportunités et des risques, assurant une approche d'investissement à la fois proactive et réactive face aux dynamiques de marché changeantes.

CHAPITRE 3 : BUDGETISATION POUR LA LIBERTE FINANCIERE

La budgétisation est bien plus qu'un simple exercice de suivi des dépenses – c'est la pierre angulaire de la liberté financière. Une bonne budgétisation ne consiste pas à se priver de tout plaisir, mais à comprendre et à contrôler où va votre argent pour faire des choix éclairés. Dans ce chapitre, nous explorerons comment une budgétisation efficace peut vous aider à atteindre vos objectifs financiers, à réduire le stress lié à l'argent et à construire un avenir financier solide.

Les Bases de la Budgétisation

Budgétiser efficacement est la première étape vers la maîtrise de vos finances personnelles. Cela implique de comprendre vos revenus et dépenses, de catégoriser vos dépenses de manière judicieuse, et d'établir des priorités financières qui reflètent vos objectifs de vie. Voici comment aborder ces bases essentielles.

Comprendre vos Revenus et Dépenses

Avant de pouvoir créer un budget fonctionnel, vous devez avoir une vision claire de votre situation financière. Cela commence par identifier tous vos revenus, y compris les salaires, les revenus secondaires, les intérêts et tout autre flux financier entrant. Ensuite, listez vos dépenses mensuelles, en incluant tout, des nécessités comme le logement et les factures jusqu'aux dépenses discrétionnaires comme les sorties et les loisirs.

Action pratique : Pendant un mois, suivez chaque euro dépensé. Cela vous donnera une image précise de vos habitudes de dépense et révélera peut-être des surprises sur où va réellement votre argent.

Catégorisation des Dépenses

Une fois que vous avez une liste complète de vos revenus et dépenses, le prochain pas est de catégoriser ces dépenses. Typiquement, elles peuvent être divisées en deux grandes catégories : fixes et variables.

Dépenses Fixes : Ce sont des dépenses qui ne changent pas de mois en mois, comme le loyer ou le prêt immobilier, les assurances, les paiements de voiture, et la plupart des factures de services publics.

Dépenses Variables : Ces coûts peuvent varier, comme l'alimentation, les loisirs, les vêtements, et les dépenses en gaz ou en transports publics.

La distinction entre ces catégories vous aide à identifier où vous pouvez ajuster vos dépenses. Les dépenses fixes sont souvent plus difficiles à réduire, tandis que les dépenses variables offrent plus de flexibilité pour économiser.

Action pratique : Définissez des limites pour vos dépenses variables basées sur vos objectifs d'épargne et revenus. Utilisez des applications de budgétisation pour suivre ces catégories et ajustez-les au besoin.

Établir des Priorités

Avec une compréhension de vos revenus et dépenses, ainsi qu'une catégorisation détaillée de ces dernières, l'étape suivante est de définir vos priorités financières. Celles-ci devraient guider la façon dont vous allouez votre argent.

Priorités à Court Terme : Cela pourrait inclure le remboursement de dettes à intérêt élevé, la constitution d'un fonds d'urgence, ou des économies pour un achat important imminent.

Priorités à Long Terme : Cela peut englober l'épargne pour la retraite, l'investissement dans l'immobilier, ou la constitution d'un fonds éducatif pour vos enfants.

Les priorités varieront selon les individus, mais l'idée centrale est de s'assurer que votre budget reflète ce qui est le plus important pour vous. Cela signifie parfois faire des compromis sur certaines dépenses variables pour s'assurer que vous pouvez financer vos objectifs à long terme.

Action pratique : Allouez une portion de vos revenus à vos priorités à chaque période de paie. Si possible, automatisez ces transferts pour vous assurer qu'ils soient toujours pris en compte.

En suivant ces étapes pour comprendre vos revenus et dépenses, catégoriser ces dernières, et établir des priorités financières, vous poserez les bases d'un budget efficace qui peut vous guider vers la réalisation de vos objectifs financiers. Un budget bien conçu n'est pas seulement un plan pour le mois en cours ; c'est une carte pour votre avenir financier.

Création d'un Budget Personnel

Créer un budget personnel est un processus qui nécessite attention et ajustement régulier. Voici les étapes essentielles pour construire un budget qui non seulement s'aligne avec vos objectifs financiers mais vous donne également la flexibilité de profiter de la vie.

Choix d'une Méthode de Budgétisation

La première étape pour créer un budget personnel est de choisir une méthode de budgétisation qui convient à votre style de vie, vos objectifs et votre situation financière. Voici quelques méthodes populaires :

La Règle 50/30/20 : Cette approche simplifiée conseille de diviser vos revenus après impôts en trois catégories : 50% pour les besoins, 30% pour les envies, et 20% pour l'épargne ou le remboursement des dettes.

Le Système d'Enveloppes : Pour ceux qui préfèrent une méthode plus tangible, le système d'enveloppes implique d'allouer une somme d'argent en espèces dans des enveloppes pour différentes catégories de dépenses chaque mois. Une fois l'argent d'une enveloppe dépensé, c'est tout pour le mois.

Zéro-Based Budgeting : Chaque euro de revenu est assigné à une catégorie de dépenses, d'épargne, ou de remboursement de dettes, de sorte que vos revenus moins vos dépenses équivalent à zéro à la fin du mois.

Outils et Ressources

Différents outils et ressources peuvent faciliter la budgétisation.

Applications de Budgétisation : Des applications comme Mint, YNAB (You Need A Budget), ou PocketGuard peuvent aider à suivre vos dépenses et revenus, offrant une vue d'ensemble de vos finances en temps réel.

Feuilles de Calcul : Pour ceux qui préfèrent une approche plus manuelle ou personnalisable, les feuilles de calcul Google Sheets ou Excel permettent de créer un budget qui répond exactement à vos besoins.

Services Bancaires en Ligne : Beaucoup de banques offrent des outils de suivi des dépenses et d'établissement de budget intégrés à leurs services en ligne, ce qui peut vous permettre de garder facilement un œil sur vos finances.

Réajustements et Flexibilité

Un budget n'est pas gravé dans la pierre ; il devrait évoluer avec votre vie.

Réévaluation Régulière : Prenez du temps chaque mois pour revoir votre budget et ajustez-le en fonction de vos dépenses réelles, de vos revenus changeants, et de vos objectifs financiers ajustés.

Anticiper les Dépenses Variables : Certaines dépenses, comme les cadeaux pour les fêtes ou les factures de chauffage en hiver, peuvent varier. Anticipez ces variations et ajustez votre budget en conséquence.

Établir un Fonds pour Imprévus : Même le budget le mieux planifié peut être bouleversé par des dépenses imprévues. Avoir un petit fonds flexible pour ces situations peut vous aider à rester sur la bonne voie sans avoir à puiser dans vos économies.

En adoptant une méthode de budgétisation qui vous convient, en utilisant les bons outils pour suivre vos progrès, et en restant flexible pour ajuster votre budget au besoin, vous pouvez créer un plan financier personnel qui vous soutient dans l'atteinte de vos objectifs financiers tout en vous permettant de vivre la vie que vous désirez. Un budget personnel efficace est un outil dynamique et adaptatif, essentiel pour naviguer dans le paysage financier avec confiance et sérénité.

Épargne et Investissement : les Clés de la Croissance Financière

L'épargne et l'investissement sont deux piliers fondamentaux de la croissance financière. Comprendre leur importance et savoir comment les intégrer efficacement dans votre stratégie financière peut transformer vos objectifs financiers en réalité.

Pourquoi l'Épargne est Cruciale

Fondation pour l'Avenir : L'épargne sert de fondation sur laquelle bâtir votre avenir financier. Que ce soit pour préparer un fonds d'urgence, économiser pour un acompte sur une maison, ou simplement avoir une réserve financière, épargner est le premier pas vers la sécurité financière.

Épargne vs. Consommation : Chaque euro épargné est un euro qui travaille pour vous. Contrairement à la consommation, qui gratifie immédiatement mais diminue votre valeur nette, l'épargne augmente votre potentiel de croissance financière à long terme.

Préparation aux Imprévus : La vie est pleine d'imprévus. Avoir une épargne solide vous prépare à faire face à des dépenses inattendues sans compromettre votre stabilité financière.

Stratégies d'Épargne

Automatisation de l'Épargne : L'une des stratégies les plus efficaces est d'automatiser vos contributions d'épargne. Cela peut être fait en configurant un virement automatique de votre compte courant vers votre compte d'épargne à chaque paie.

Définition d'Objectifs Spécifiques : Avoir des objectifs d'épargne clairs peut vous aider à rester motivé. Que ce soit pour un voyage, l'éducation de vos enfants, ou la retraite, savoir pour quoi vous épargnez rend le processus plus tangible et satisfaisant.

Revu et Ajustement : Votre capacité et vos besoins d'épargne peuvent changer avec le temps. Revoir régulièrement vos objectifs et ajuster vos plans d'épargne en conséquence est crucial pour rester aligné avec vos objectifs financiers à long terme.

<u>Introduction à l'Investissement Simple</u>

Croissance du Capital : L'investissement est la clé pour faire croître votre épargne au-delà de l'inflation. En investissant dans des actions, des obligations, des fonds communs de placement, ou des immobilisations, vous donnez à votre argent la possibilité de générer des revenus passifs et d'accroître sa valeur au fil du temps.

Commencer Petit : Vous n'avez pas besoin d'une fortune pour commencer à investir. Grâce aux plateformes d'investissement en ligne et aux applications, commencer avec une petite somme d'argent est plus accessible que jamais.

Diversification : Pour minimiser le risque, il est essentiel de diversifier vos investissements. Ne mettez pas tous vos œufs dans le même panier. La diversification à travers différentes classes d'actifs et secteurs peut réduire le risque de perte.

Éducation : S'éduquer sur les principes de base de l'investissement est fondamental. Comprendre les différents types d'investissements, la manière dont ils fonctionnent, et leurs risques associés vous permettra de prendre des décisions d'investissement plus éclairées.

En conclusion, l'épargne fournit la sécurité financière nécessaire pour naviguer dans la vie avec confiance, tandis que l'investissement permet à votre épargne de croître et de travailler pour vous. En combinant ces deux stratégies, vous pouvez bâtir un avenir financier solide et atteindre vos objectifs financiers avec succès.

Gérer les Dettes Efficacement

Gérer efficacement les dettes est un aspect crucial de la santé financière globale. Un endettement excessif peut entraver votre capacité à épargner, investir et atteindre vos objectifs financiers. Voici comment aborder la gestion des dettes de manière proactive et stratégique.

Comprendre le Coût de la Dette

Impact des Intérêts : L'une des premières étapes pour gérer les dettes est de comprendre leur coût réel, principalement dicté par les taux d'intérêt. Les dettes à intérêt élevé, comme celles des cartes de crédit, peuvent croître rapidement, entravant votre capacité à épargner pour l'avenir.

Priorisation des Remboursements : Évaluer vos dettes en fonction de leurs taux d'intérêt et prioriser le remboursement de celles avec les taux les plus élevés peut vous faire économiser des sommes considérables en intérêts sur le long terme.

Effet sur le Score de Crédit : La gestion inadéquate de la dette peut nuire à votre cote de crédit, affectant votre capacité à contracter de futurs prêts à des conditions favorables.

Stratégies de Remboursement de Dettes

Méthode de la Boule de Neige : Cette approche implique de rembourser d'abord les dettes avec les plus petits soldes tout en effectuant les paiements minimums sur les autres dettes. Une fois la plus petite dette remboursée, vous passez à la suivante, créant un effet "boule de neige" au fur et à mesure que chaque dette est éliminée.

Méthode de l'Avalanche : Contrairement à la méthode de la boule de neige, l'approche de l'avalanche se concentre sur le remboursement des dettes avec les taux d'intérêt les plus élevés en premier, ce qui peut économiser plus d'argent sur les intérêts à long terme.

Renégociation des Conditions de Prêt : Si vous êtes en difficulté, contacter vos créanciers pour discuter des possibilités de modification des conditions de prêt, comme réduire les taux d'intérêt ou étendre la durée du prêt, peut alléger votre fardeau financier.

Éviter les Pièges de la Dette

Budget et Planification : La création d'un budget réaliste et le suivi de vos dépenses sont essentiels pour éviter d'accumuler de nouvelles dettes. Connaître vos limites et vivre selon vos moyens peut vous empêcher de retomber dans le piège de la dette.

Construire un Fonds d'Urgence : Avoir un fonds d'urgence est crucial pour couvrir les dépenses imprévues sans avoir recours au crédit. Commencez petit et augmentez-le progressivement jusqu'à couvrir 3 à 6 mois de dépenses.

Éducation Financière : Améliorer vos connaissances en matière de finances personnelles peut vous aider à prendre de meilleures décisions financières et à éviter les produits de crédit prédateurs ou les mauvaises pratiques de prêt.

En adoptant une approche proactive de la gestion de la dette, vous pouvez non seulement réduire votre fardeau financier actuel mais aussi poser les bases d'une meilleure santé financière pour l'avenir. Que ce soit en choisissant la stratégie de remboursement qui vous convient le mieux, en renégociant les conditions de vos prêts, ou simplement en évitant d'accumuler de nouvelles dettes, chaque pas dans la bonne direction vous rapproche de la liberté financière.

Préparation Pour l'Inattendu

La préparation pour l'inattendu est une composante cruciale de la planification financière. La vie peut être imprévisible, et sans un plan adéquat, les urgences financières peuvent sérieusement compromettre votre stabilité financière et vos plans d'avenir. Voici comment se préparer efficacement à ces imprévus.

Fonds d'Urgence

Importance : Un fonds d'urgence sert de tampon financier contre les dépenses imprévues ou la perte de revenu. Sans cela, vous pourriez être contraint de contracter des dettes à intérêt élevé ou de puiser dans vos économies à long terme.

Taille Idéale : Il est généralement recommandé de disposer d'un fonds d'urgence couvrant de trois à six mois de dépenses. Ce montant peut varier en fonction de votre situation personnelle, telle que la stabilité de votre emploi et vos charges financières.

Comment le Constituer : Commencez petit, en mettant de côté une partie de votre revenu chaque mois. Automatiser ces transferts dans un compte dédié peut faciliter le processus. Priorisez la constitution de ce fonds avant de vous concentrer sur des objectifs financiers à plus long terme.

Assurance

Protection : L'assurance offre une protection contre des risques spécifiques, réduisant le fardeau financier potentiel d'événements imprévus tels que des accidents, des maladies ou des dommages matériels.

Types d'Assurance : Parmi les types d'assurance essentiels figurent l'assurance santé, vie, habitation, et automobile. Selon votre situation, d'autres types d'assurance, comme l'assurance invalidité ou l'assurance locataire, peuvent également être pertinents.

Choix de l'Assurance : Évaluez vos besoins spécifiques pour déterminer le niveau de couverture nécessaire. Comparer les offres de différentes compagnies d'assurance peut vous aider à trouver le meilleur rapport couverture/prix.

Anticiper les Changements de Vie

Planification Financière : Les événements de vie majeurs, tels que le mariage, la naissance d'un enfant, ou le changement de carrière, peuvent avoir des implications financières significatives. Planifier à l'avance pour ces changements peut aider à minimiser leur impact sur votre stabilité financière.

Adaptabilité : Votre plan financier doit être suffisamment flexible pour s'adapter à l'évolution de votre situation de vie. Réévaluez régulièrement vos plans financiers et ajustez-les au besoin pour rester aligné avec vos objectifs à long terme.

Réseau de Soutien : Envisagez de construire un réseau de soutien, y compris des conseillers financiers, des amis et de la famille, pour vous aider à naviguer dans les périodes de transition. Ce réseau peut offrir des conseils précieux et un soutien émotionnel lors de la prise de décisions financières importantes.

Se préparer à l'inattendu nécessite une planification soignée et la mise en place de mesures de sécurité financière, comme un fonds d'urgence et une assurance adéquate. En anticipant les changements de vie et en restant flexible, vous pouvez renforcer votre résilience financière, vous assurant que vous êtes prêt à faire face à tout ce que la vie vous réserve.

La budgétisation n'est pas une restriction, mais un moyen de prendre le contrôle de vos finances pour réaliser vos rêves et objectifs. Avec les outils et stratégies appropriés, vous pouvez non seulement gérer vos finances quotidiennes plus efficacement, mais aussi bâtir un avenir financier prospère.

CHAPITRE 4 :
GESTION DES PRETS
ETUDIANTS

La dette étudiante est devenue une préoccupation majeure pour de nombreux diplômés, influençant leurs choix de vie et leurs décisions financières des années après l'obtention de leur diplôme. Ce chapitre vise à fournir des stratégies et des conseils pour gérer efficacement les prêts étudiants, en minimisant leur impact sur la santé financière future.

Comprendre vos Prêts Étudiants

Comprendre en profondeur vos prêts étudiants est fondamental pour naviguer dans le monde complexe de l'endettement étudiant et planifier efficacement votre avenir financier. Cette connaissance vous équipe pour prendre des décisions éclairées sur le remboursement, le refinancement, et la gestion globale de la dette. Voici une exploration détaillée de cette thématique.

Les Fondamentaux des Prêts Étudiants

Les prêts étudiants peuvent être fédéraux, émis par le gouvernement, ou privés, provenant de banques ou d'autres entités financières. Les prêts fédéraux offrent souvent des taux d'intérêt fixes et plusieurs options de remboursement flexibles, y compris des plans basés sur le revenu et le pardon des prêts dans certaines circonstances. Les prêts privés, en revanche, peuvent avoir des taux d'intérêt fixes ou variables et des conditions de remboursement moins flexibles.

Comprendre le Taux d'Intérêt

Le taux d'intérêt de votre prêt étudiant a un impact significatif sur le montant total que vous paierez au fil du temps. Un taux d'intérêt plus élevé signifie que vous paierez plus en intérêts sur la durée du prêt. Les prêts fédéraux ont généralement des taux d'intérêt plus bas que les prêts privés, rendant ces derniers plus coûteux à long terme.

Capitalisation des Intérêts

Un aspect souvent méconnu des prêts étudiants est la capitalisation des intérêts, qui se produit lorsque vos intérêts non payés sont ajoutés au solde principal de votre prêt. Cela peut arriver après des périodes de report ou de tolérance, augmentant le montant total que vous devez.

Options de Remboursement

Plans de Remboursement Standard, Étendu et Gradué

Plan Standard : Paiements mensuels fixes pour rembourser le prêt en 10 ans.

Plan Étendu : Permet d'étendre le remboursement jusqu'à 25 ans, réduisant les paiements mensuels mais augmentant le coût total dû aux intérêts supplémentaires.

Plan Gradué : Les paiements commencent à un montant inférieur et augmentent tous les deux ans, conçus pour ceux qui s'attendent à une augmentation régulière de leurs revenus.

Plans Basés sur le Revenu

Ces plans ajustent vos paiements mensuels en fonction de votre revenu et de la taille de votre famille, offrant une souplesse à ceux dont les revenus sont modestes par rapport à leur dette. Après une période déterminée de paiements (généralement 20 à 25 ans), toute dette restante peut être pardonnée.

Stratégies pour Gérer Vos Prêts

Évaluation Annuelle

Reconsidérez vos options de remboursement chaque année ou chaque fois que votre situation financière change. Un changement dans vos revenus ou vos dépenses peut rendre un plan de remboursement différent plus avantageux pour vous.

Refinancement

Le refinancement de vos prêts étudiants peut vous permettre d'obtenir un taux d'intérêt plus bas, réduisant ainsi le montant que vous paierez en intérêts. Cela est particulièrement pertinent pour les prêts privés à taux d'intérêt élevé.

Conseils pour la Négociation

Si vous rencontrez des difficultés de paiement, n'hésitez pas à contacter votre prêteur pour discuter de vos options. Beaucoup sont disposés à travailler avec les emprunteurs pour trouver des solutions, telles que l'ajustement de votre plan de remboursement ou la qualification pour un report ou une tolérance.

La clé pour gérer efficacement vos prêts étudiants réside dans une compréhension approfondie de vos dettes, des taux d'intérêt, des options de remboursement disponibles et de la manière dont chacune de ces composantes affecte votre situation financière. Une approche proactive, comprenant une évaluation régulière de votre stratégie de remboursement et une communication ouverte avec vos prêteurs, peut vous aider à surmonter les défis financiers tout en minimisant le coût total de votre dette étudiante.

Stratégies de Remboursement

Naviguer dans le labyrinthe du remboursement des prêts étudiants peut sembler décourageant, mais il existe des stratégies éprouvées pour gérer efficacement votre dette. Voici un aperçu des options de remboursement, enrichi d'exemples concrets, d'études de cas et de conseils pratiques.

Remboursement Accéléré

En augmentant le montant de vos paiements mensuels ou en effectuant des paiements supplémentaires, vous pouvez réduire le principal de votre prêt plus rapidement, diminuant ainsi le montant total des intérêts payés sur la durée du prêt.

Marc a un prêt étudiant de 25 000 € à un taux d'intérêt de 4% sur 10 ans. En payant 50 € supplémentaires par mois, il peut réduire la durée de son prêt de presque deux ans et économiser environ 1 500 € en intérêts.

Examinez votre budget pour identifier les économies possibles ou les sources de revenus supplémentaires qui pourraient financer ces paiements accélérés. Même de petits montants supplémentaires peuvent avoir un impact significatif sur la durée et le coût total de votre prêt.

<u>Consolidation et Refinancement</u>

La consolidation combine plusieurs prêts étudiants en un seul prêt avec un taux d'intérêt moyen pondéré. Le refinancement, en revanche, remplace votre ou vos prêts existants par un nouveau prêt, généralement à un taux d'intérêt inférieur.

Léa avait trois prêts étudiants totalisant 35 000 € avec des taux d'intérêt variant de 3,6% à 6,8%. En refinançant ses prêts en un seul prêt à un taux d'intérêt de 4,2%, elle a non seulement simplifié ses paiements mensuels mais a également réduit le coût total de sa dette.

Avant de vous engager dans le refinancement, assurez-vous de comparer les offres de différents prêteurs, en tenant compte non seulement des taux d'intérêt mais aussi des frais de clôture et des conditions de remboursement. Veillez également à ne pas perdre d'avantages importants offerts par les prêts fédéraux en les refinançant avec un prêt privé.

Plans de Remboursement Basés sur le Revenu

Ces plans ajustent vos paiements mensuels en fonction de votre revenu et de la taille de votre famille, rendant la dette plus gérable, surtout en début de carrière.

Justine, enseignante avec un revenu annuel de 30 000 € et un prêt étudiant de 50 000 €, a opté pour un plan de remboursement basé sur le revenu qui a réduit ses paiements mensuels de 350 € à 150 €. Bien que cela puisse augmenter le coût total de son prêt en raison des intérêts supplémentaires accumulés, cela lui a permis de gérer ses autres dépenses de vie essentielles sans stress financier.

Si vous envisagez un plan de remboursement basé sur le revenu, reconsidérez et recertifiez votre revenu chaque année. Les changements dans votre revenu ou dans la taille de votre famille peuvent ajuster vos paiements mensuels, gardant ainsi vos paiements alignés avec votre capacité financière actuelle.

En adoptant une stratégie de remboursement qui convient à votre situation financière personnelle, vous pouvez non seulement rendre la gestion de la dette étudiante plus gérable mais aussi potentiellement économiser des milliers d'euros en intérêts. Que vous choisissiez l'accélération du remboursement, la consolidation ou le refinancement, ou un plan basé sur le revenu, l'essentiel est de rester informé, proactif et discipliné dans votre approche du remboursement des prêts étudiants.

Gérer les Difficultés de Paiement

Affronter des difficultés de paiement sur les prêts étudiants est une réalité pour de nombreux diplômés, surtout dans des circonstances économiques imprévisibles. Voici comment gérer ces périodes difficiles, avec des exemples concrets, des études de cas et des conseils pratiques.

<u>Report et Tolérance</u>

Le report et la tolérance sont des options temporaires permettant de suspendre ou de réduire les paiements de prêts étudiants en cas de difficultés financières, sans nuire à votre cote de crédit.

Alex, confronté à une perte d'emploi, a opté pour une tolérance de six mois sur son prêt étudiant fédéral, lui donnant le temps nécessaire pour trouver un nouvel emploi sans s'inquiéter immédiatement des paiements. Cependant, il est conscient que les intérêts continueront à s'accumuler pendant cette période.

Contactez votre prêteur dès que vous anticipez des difficultés de paiement. Expliquer votre situation peut ouvrir des options comme le report ou la tolérance. Gardez à l'esprit que ces options doivent être utilisées judicieusement, car les intérêts peuvent s'accumuler, augmentant le coût total de votre prêt.

Négociation avec les Prêteurs

La communication proactive avec les prêteurs peut révéler des options de remboursement alternatives ou des ajustements temporaires de vos plans de remboursement.

Lorsque Clara a réalisé qu'elle ne pouvait pas maintenir ses paiements mensuels en raison de dépenses médicales imprévues, elle a contacté son prêteur et a négocié une réduction temporaire de ses paiements. Cela lui a permis de continuer à rembourser son prêt sans tomber en défaut.

Préparez des détails sur votre situation financière et des propositions concrètes avant de contacter votre prêteur. Être informé sur les options disponibles et montrer votre volonté de continuer les paiements peut rendre la négociation plus fructueuse.

Conséquences de la Défaillance

La défaillance sur un prêt étudiant peut avoir des conséquences graves, affectant votre crédit et augmentant le montant dû en raison de frais supplémentaires.

Après avoir manqué plusieurs paiements sur son prêt étudiant en raison de difficultés financières non gérées, Sophie a découvert que son crédit avait été gravement affecté, ce qui rendait difficile la location d'un appartement et l'obtention de nouveaux crédits.

Si vous vous trouvez dans une situation où la défaillance semble inévitable, consultez immédiatement un conseiller financier ou un avocat spécialisé dans les dettes pour explorer les options de recouvrement. Des programmes comme la réhabilitation de prêts étudiants peuvent aider à rétablir votre crédit.

Gérer les difficultés de paiement exige une action proactive et une communication ouverte avec vos prêteurs. Utiliser les options de report ou de tolérance avec prudence, négocier avec les prêteurs pour trouver des solutions viables, et comprendre les graves conséquences de la défaillance sont des étapes essentielles pour maintenir votre santé financière face à des difficultés temporaires. La clé est de rester informé et d'agir rapidement pour minimiser les impacts négatifs sur votre situation financière future.

Préparation Financière et Prévention

La préparation financière et la prévention sont essentielles pour gérer efficacement les prêts étudiants et éviter les difficultés financières. Voici comment aborder ces aspects importants de votre planification financière.

Budget et Épargne

Créer un budget détaillé et s'y tenir est fondamental pour assurer une gestion financière saine. L'épargne régulière, même en petites quantités, peut créer un coussin financier qui protège contre les urgences.

Julie, récemment diplômée, a commencé à travailler avec un salaire d'entrée de gamme. Elle a décidé de budgétiser minutieusement ses dépenses, en allouant 20% de son salaire au remboursement de ses prêts étudiants et 10% à son épargne d'urgence. En quelques années, elle a pu augmenter ses contributions d'épargne et faire des paiements supplémentaires sur ses prêts.

Utilisez des applications de budgétisation pour suivre vos dépenses et ajustez-les en fonction de vos objectifs financiers. Priorisez l'épargne d'urgence dès le début, même si cela signifie épargner de petits montants.

Augmentation des Revenus

Augmenter vos revenus peut accélérer le remboursement des prêts étudiants et renforcer votre sécurité financière. Cela peut inclure la recherche d'opportunités de promotion, de formation continue ou de revenus secondaires.

Simon a utilisé ses compétences en design graphique pour lancer une activité secondaire en freelance, en plus de son emploi à temps plein. Les revenus supplémentaires générés lui ont permis de doubler ses paiements mensuels de prêts étudiants, réduisant significativement le coût total de son emprunt.

Identifiez vos compétences ou hobbies qui peuvent générer des revenus supplémentaires. Explorez les plateformes de freelance ou envisagez des projets secondaires qui correspondent à vos intérêts et capacités.

Protection et Assurance

Avoir une assurance adéquate peut protéger contre les conséquences financières d'événements inattendus, tels que la maladie ou la perte d'emploi, qui pourraient autrement perturber votre capacité à rembourser vos prêts étudiants.

Ana a souscrit à une assurance invalidité peu après avoir commencé son premier emploi, une décision qui s'est avérée judicieuse lorsqu'elle a eu un accident et n'a pas pu travailler pendant plusieurs mois. L'assurance a couvert une partie de ses revenus, lui permettant de continuer à rembourser ses prêts étudiants.

Évaluez vos besoins en matière d'assurance et assurez-vous de comprendre les couvertures offertes par votre employeur. Considérez des assurances supplémentaires, telles que l'assurance invalidité ou l'assurance vie, pour une protection complète.

La préparation financière et la prévention impliquent une planification et une gestion proactives de votre budget, la recherche d'opportunités pour augmenter vos revenus, et l'assurance d'une protection adéquate contre les imprévus. En adoptant ces pratiques, vous pouvez renforcer votre résilience financière et naviguer plus sereinement dans le remboursement de vos prêts étudiants.

Investir tout en Remboursant

Investir tout en remboursant vos prêts étudiants peut sembler contre-intuitif, surtout lorsque vous êtes concentré sur la réduction de votre dette. Cependant, avec une stratégie prudente, il est possible de bâtir votre patrimoine tout en gérant efficacement vos prêts.

Équilibre entre Remboursement et Investissement

Trouver le bon équilibre entre le remboursement de la dette et l'investissement nécessite une compréhension de vos taux d'intérêt de prêt par rapport au rendement attendu de vos investissements. Si le taux d'intérêt de votre prêt est supérieur au rendement attendu de l'investissement, prioriser le remboursement de la dette peut être plus judicieux.

Emma a un prêt étudiant à 5% d'intérêt et envisage d'investir dans un fonds indiciel qui a historiquement retourné environ 7% par an. En investissant tout en faisant des paiements réguliers sur son prêt, Emma peut potentiellement augmenter sa richesse nette à long terme plus efficacement que si elle se concentrait uniquement sur le remboursement de la dette.

Évaluez vos options en utilisant des calculatrices financières pour comparer l'impact du remboursement de la dette versus l'investissement avec des taux de rendement et d'intérêt spécifiques. N'oubliez pas de prendre en compte l'effet des taxes sur les rendements des investissements.

<u>Planification Retraite</u>

Ne pas négliger la planification de la retraite est crucial, même lorsque vous remboursez des prêts étudiants. Profiter des comptes de retraite, notamment ceux offrant des avantages fiscaux ou des contributions correspondantes de l'employeur, peut améliorer considérablement votre situation financière future.

Maxime a décidé de contribuer à son plan 401(k) jusqu'à la limite de correspondance de son employeur, même s'il rembourse activement des prêts étudiants. Cette décision lui a permis de bénéficier de l'argent "gratuit" de son employeur, en plus de l'avantage fiscal, augmentant ainsi son épargne-retraite sans compromettre son budget.

Commencez par contribuer au moins jusqu'à la limite de correspondance de l'employeur dans votre plan de retraite, car c'est essentiellement un retour sur investissement garanti. Ensuite, augmentez progressivement vos contributions au fur et à mesure que votre situation financière s'améliore.

Stratégies Fiscales

Tirer parti des stratégies fiscales peut augmenter votre capacité à investir et à rembourser des prêts étudiants simultanément. Comprendre comment les contributions à certains comptes d'investissement peuvent réduire votre revenu imposable est un élément clé de cette stratégie.

Clara, une professionnelle, contribue au maximum permis dans son IRA traditionnel, ce qui réduit son revenu imposable. Les économies d'impôt réalisées sont ensuite partiellement utilisées pour rembourser ses prêts étudiants, optimisant ainsi son utilisation de revenu disponible.

Consultez un conseiller fiscal pour comprendre les implications fiscales de vos investissements et comment les utiliser stratégiquement pour maximiser vos économies d'impôt. Utilisez ces économies pour équilibrer entre l'investissement et le remboursement des prêts étudiants.

Investir tout en remboursant des prêts étudiants est une stratégie qui demande réflexion et discipline, mais elle peut être réalisable et bénéfique à long terme. En évaluant attentivement vos taux d'intérêt, en profitant des avantages fiscaux et des plans de retraite, et en équilibrant judicieusement remboursement de la dette et investissement, vous pouvez travailler à la fois vers la liberté financière et la construction d'un avenir prospère.

Gérer efficacement les prêts étudiants est essentiel pour maintenir une bonne santé financière et atteindre la sécurité financière. En adoptant une approche proactive, en comprenant vos options, et en faisant des choix stratégiques concernant le remboursement et l'investissement, vous pouvez minimiser l'impact financier de votre dette étudiante sur votre avenir.

CHAPITRE 5 : PLANIFICATION D'ACHAT IMMOBILIER

L'achat d'une propriété est souvent considéré comme une étape majeure dans la vie, symbolisant la stabilité financière et l'indépendance. Cependant, naviguer dans le processus d'achat immobilier peut être complexe et intimidant. Ce chapitre vise à démystifier ce processus, offrant un guide étape par étape pour les futurs acheteurs immobiliers.

Comprendre le Marché Immobilier

Comprendre le marché immobilier est essentiel pour tout futur acheteur. Cette connaissance vous permet de prendre des décisions éclairées, de maximiser votre investissement et d'éviter des erreurs coûteuses. Voici un aperçu détaillé de cette partie, enrichi de recherches, d'anecdotes et de conseils pratiques.

Analyse du Marché

Commencez par analyser les tendances actuelles du marché immobilier dans votre région cible. Examinez les prix moyens des logements, les taux d'intérêt hypothécaires et les prévisions de croissance. Des sites spécialisés et des rapports d'agences immobilières fournissent souvent des analyses et des données sur le marché local.

Facteurs Influents

Considérez les facteurs qui influencent le marché, tels que les politiques gouvernementales (par exemple, les crédits d'impôt pour l'achat de la première maison), les conditions économiques (emploi, revenu moyen) et les développements locaux (nouveaux transports en commun, écoles, infrastructures).

L'Importance de la Localisation

Jean et Marie ont acheté une maison dans un quartier émergent, attirés par les prix relativement bas et les promesses de développement. Cinq ans plus tard, grâce à l'arrivée d'une nouvelle ligne de métro et à la revitalisation du quartier, la valeur de leur propriété a presque doublé.

Le Timing du Marché

David a acheté une maison au sommet du marché immobilier, juste avant une crise économique. Les prix ont chuté peu après son achat, le laissant avec une hypothèque bien supérieure à la valeur actuelle de sa maison. Cela souligne l'importance du timing et de la prudence.

Conseils Pratiques

Surveillance Active : Restez informé des fluctuations du marché en vous abonnant à des newsletters spécialisées et en suivant les actualités économiques. Utiliser des applications et des outils en ligne pour suivre les évolutions des prix dans les quartiers de votre choix.

Visites de Quartier : Passez du temps dans les quartiers qui vous intéressent à différents moments de la journée et de la semaine. Cela vous donne une idée du style de vie, de la circulation, des commodités et de l'ambiance générale.

Consultation de Professionnels : Engager un agent immobilier qui connaît bien le marché local peut être d'une grande aide. Ils peuvent fournir des insights précieux, vous alertant sur des opportunités ou des pièges potentiels.

Analyse Comparative : Avant de faire une offre, demandez une analyse comparative du marché (ACM) pour voir les prix de vente récents de propriétés similaires dans le quartier. Cela vous aide à déterminer une offre juste et compétitive.

En résumant, comprendre le marché immobilier nécessite une combinaison de recherches détaillées, d'observation des tendances et de consultations avec des experts. Prenez le temps d'apprendre et d'analyser avant de faire le grand saut. L'achat d'une propriété est une décision majeure ; être bien préparé et informé vous positionne pour faire le meilleur choix possible pour votre futur.

Évaluation de votre Situation Financière

Évaluer votre situation financière est une étape essentielle avant de se lancer dans l'achat immobilier. Cette évaluation vous aide à déterminer votre capacité d'achat, à anticiper les coûts associés et à planifier pour l'avenir. Voici un approfondissement sur cette partie, intégrant des recherches, anecdotes, et conseils pratiques.

Évaluation de la Capacité d'Achat

Calculez votre ratio d'endettement par rapport au revenu (DTI) en divisant l'ensemble de vos paiements de dette mensuels par votre revenu mensuel brut. La plupart des prêteurs préfèrent un DTI de 36% ou moins, y compris le futur paiement hypothécaire.

Anticipation des Coûts

Outre le prix d'achat de la maison, considérez les frais de clôture (généralement entre 2% et 5% du prix d'achat), les taxes foncières, l'assurance habitation, les frais de déménagement et les éventuels frais de rénovation.

Le Budget Oublié

Émilie et Lucas, enthousiasmés par l'achat de leur première maison, ont négligé de tenir compte des frais de clôture et des rénovations nécessaires dans leur budget. Ils se sont retrouvés en difficulté financière peu après l'achat, forçant Lucas à prendre un deuxième emploi.

La Règle des 28/36

Clara a suivi la règle des 28/36, qui stipule que vous ne devriez pas dépenser plus de 28% de votre revenu brut mensuel sur des coûts liés au logement et pas plus de 36% sur l'ensemble des dettes. Cela lui a permis de maintenir une situation financière confortable, même après l'achat de sa maison.

Conseils Pratiques

Audit Financier : Effectuez un audit financier complet, incluant l'évaluation de vos actifs, dettes, revenus et dépenses. Utilisez des applications de gestion financière pour vous aider à organiser et à suivre vos finances.

Épargne pour les Frais de Clôture et les Urgences : Commencez à économiser pour les frais de clôture bien avant de commencer à chercher une maison. Il est également conseillé de renforcer votre fonds d'urgence pour couvrir les dépenses imprévues liées à la maison.

Pré-Approbation de Prêt Hypothécaire : Avant de chercher activement une maison, obtenez une pré-approbation de prêt. Cela vous donne une idée claire de ce que vous pouvez vous permettre et renforce votre position lors des négociations.

Consultez un Conseiller Financier : Si vous avez des doutes sur votre capacité à acheter une maison ou sur la manière de gérer vos finances, consultez un conseiller financier. Un professionnel peut vous offrir des conseils personnalisés basés sur votre situation unique.

Évaluer votre situation financière nécessite un examen minutieux de vos finances et une planification soigneuse pour l'avenir. En prenant le temps de comprendre pleinement votre capacité d'achat et en anticipant les coûts associés à l'achat d'une maison, vous pouvez prendre des décisions éclairées qui soutiennent vos objectifs financiers à long terme et garantissent une transition en douceur vers la propriété immobilière.

Processus d'Achat Immobilier

Le processus d'achat immobilier est complexe et implique plusieurs étapes cruciales. Comprendre chaque étape vous aide à naviguer efficacement dans le processus, minimisant les stress et les surprises. Voici un guide détaillé.

Faire une Offre

Après avoir trouvé la maison de vos rêves, la première étape est de faire une offre d'achat. Cette offre doit être basée sur une analyse comparative du marché (ACM) pour s'assurer qu'elle est compétitive mais juste.

Processus de Négociation

Le vendeur peut accepter votre offre, la rejeter ou faire une contre-offre. Soyez prêt à négocier. Votre agent immobilier jouera un rôle clé dans cette étape, vous aidant à comprendre quand pousser et quand céder.

Inspection de la Propriété

Une fois l'offre acceptée, une inspection de la propriété est cruciale. Cela peut révéler des problèmes cachés qui pourraient vous coûter cher à l'avenir.

L'évaluation

Votre prêteur exigera une évaluation pour s'assurer que le prix d'achat de la maison correspond à sa valeur réelle. Si l'évaluation est inférieure au prix d'achat, vous pourriez devoir renégocier le prix ou trouver des fonds supplémentaires.

La Maison aux Mille Problèmes

Anne et Pierre ont fait l'erreur de renoncer à l'inspection pour accélérer leur achat. Quelques mois après avoir emménagé, ils ont découvert une série de problèmes coûteux, y compris des problèmes de plomberie et un toit qui fuyait.

L'Importance de l'Évaluation

Marc a été ravi lorsque son offre sur une maison a été acceptée. Cependant, l'évaluation est revenue bien en dessous du prix d'achat, ce qui a conduit à une renégociation difficile. Finalement, Marc a pu acheter la maison à un prix plus juste, soulignant l'importance d'une évaluation objective.

Conseils Pratiques

Choisir le Bon Agent : Travaillez avec un agent immobilier expérimenté et digne de confiance qui connaît bien le marché local. Ils peuvent vous fournir des conseils précieux à chaque étape.

Préparez-vous Financièrement : Assurez-vous que vos finances sont en ordre bien avant de commencer le processus d'achat. Cela inclut l'obtention d'une pré-approbation pour un prêt hypothécaire.

Ne Pas Ignorer les Inspections : Même si une maison semble parfaite, ne sautez jamais l'étape de l'inspection. Cela pourrait vous épargner des surprises coûteuses plus tard.

Soyez Prêt à Marcher : Si des problèmes majeurs sont révélés lors de l'inspection, ou si l'évaluation ne correspond pas au prix d'achat, soyez prêt à abandonner l'achat. Il y aura d'autres maisons, et renoncer peut parfois être la meilleure décision financière.

Naviguer dans le processus d'achat immobilier demande de la patience, de la diligence et une bonne dose de préparation. En comprenant les étapes clés, en collaborant avec les bons professionnels, et en étant prêt à prendre des décisions informées, vous pouvez rendre l'expérience d'achat d'une maison aussi fluide et réussie que possible.

Financement de l'Achat

Le financement de l'achat immobilier est souvent l'aspect le plus intimidant pour les acheteurs, surtout pour ceux qui naviguent dans ce processus pour la première fois. Voici un approfondissement sur le financement de l'achat, incluant des recherches, anecdotes, et conseils pratiques.

Choix du Prêt Hypothécaire

Il existe une variété de prêts hypothécaires disponibles, chacun avec ses propres avantages et conditions. Les prêts à taux fixe offrent la sécurité d'un paiement constant sur toute la durée du prêt, tandis que les prêts à taux variable commencent souvent avec des taux plus bas mais peuvent augmenter avec le temps. Les prêts FHA, destinés aux premiers acheteurs, permettent des acomptes plus faibles mais incluent des frais d'assurance hypothécaire.

Comparaison des Offres

Avant de choisir un prêt, il est crucial de comparer les offres de plusieurs prêteurs.

Regardez au-delà du taux d'intérêt pour inclure les frais, les coûts de clôture, et les options de remboursement.

Le Choix Éclairé de Laura

Laura a passé des semaines à comparer les offres de prêts hypothécaires avant de choisir. En fin de compte, elle a opté pour un prêt à taux fixe de 30 ans qui lui offrait la stabilité dont elle avait besoin pour planifier son avenir financier. Son dévouement à la recherche a payé, car elle a obtenu un excellent taux qui a rendu son achat immobilier plus abordable.

La Surprise des Frais de Clôture

Thomas n'avait pas anticipé l'ampleur des frais de clôture lors de l'achat de sa première maison. Pensant avoir économisé suffisamment pour l'acompte, il a été surpris d'apprendre qu'il avait besoin de milliers d'euros supplémentaires pour couvrir les frais de clôture. Cette expérience lui a appris l'importance de demander une bonne estimation des coûts de clôture bien avant la finalisation de l'achat.

Conseils Pratiques

Obtenez une Pré-approbation : Avant de commencer sérieusement à chercher une maison, obtenez une pré-approbation pour un prêt hypothécaire. Cela vous donnera une idée claire de ce que vous pouvez vous permettre et renforcera votre position lors de la négociation.

Budget pour les Frais Supplémentaires : N'oubliez pas de budgétiser pour les frais de clôture, qui peuvent inclure l'évaluation, l'inspection, les frais de dossier, et plus encore. Ces coûts peuvent s'accumuler et devraient être pris en compte dans votre budget total.

Négociez les Conditions : Ne soyez pas timide pour négocier les conditions de votre prêt hypothécaire. Parfois, les prêteurs peuvent être disposés à ajuster les taux d'intérêt, réduire les frais, ou offrir de meilleures conditions pour sécuriser votre affaire.

Envisagez le Long Terme : Lors du choix de votre prêt, réfléchissez à vos plans à long terme. Un prêt à taux variable peut sembler attrayant au début, mais si vous prévoyez de rester dans votre maison pendant de nombreuses années, un prêt à taux fixe pourrait être une option plus sûre.

Le financement de l'achat immobilier nécessite une préparation minutieuse et une compréhension approfondie des différentes options disponibles. En prenant le temps de faire vos recherches, d'évaluer vos besoins financiers, et de comparer les offres, vous pouvez sécuriser un financement qui non seulement rend votre achat possible mais soutient également vos objectifs financiers à long terme.

Préparation pour la Propriété

La préparation pour la propriété va bien au-delà de l'achat même d'une maison. C'est un engagement à long terme qui exige une planification financière minutieuse et une compréhension des responsabilités continues qu'implique la possession d'un bien immobilier. Voici des détails sur cette étape importante.

Coûts d'Entretien et de Réparation

L'un des aspects souvent sous-estimés de la propriété est le coût de l'entretien et des réparations. Une règle générale est de mettre de côté 1% à 3% de la valeur de la maison chaque année pour couvrir ces dépenses.

Taxes Foncières et Assurance

Les taxes foncières et l'assurance habitation représentent des coûts récurrents significatifs pour les propriétaires. Ces coûts varient en fonction de l'emplacement, de la taille de la propriété, et d'autres facteurs. Il est essentiel de les intégrer dans votre budget mensuel ou annuel.

Coûts Utilitaires

Les coûts utilitaires peuvent augmenter considérablement lorsque vous passez d'un appartement à une maison en raison de l'augmentation de l'espace à chauffer, à refroidir, et à éclairer. Il est important d'évaluer ces coûts avant l'achat.

La Maison de Rêve de Sophie

Sophie a acheté sa première maison, séduite par son charme et son prix attractif. Cependant, elle n'avait pas anticipé les coûts élevés de chauffage dus à une isolation insuffisante. Après une première facture d'énergie choquante, elle a dû planifier et financer une rénovation majeure pour améliorer l'efficacité énergétique de la maison.

Les Surprises de Thomas

Après avoir emménagé dans sa nouvelle maison, Thomas a été confronté à une série de réparations imprévues, y compris un remplacement de toiture coûteux. Ces expériences ont souligné l'importance de disposer d'un fonds d'urgence et de budgétiser soigneusement pour les dépenses imprévues.

<u>Conseils Pratiques</u>

Inspection Approfondie : Avant d'acheter, investissez dans une inspection approfondie de la propriété pour identifier les problèmes potentiels qui pourraient entraîner des coûts élevés à l'avenir.

Budgétiser pour les Coûts Continus : Créez un budget détaillé qui inclut les taxes foncières, l'assurance, les coûts d'entretien, les réparations, et les utilitaires. Cela vous aidera à éviter les surprises financières désagréables.

Fonds d'Urgence : Assurez-vous d'avoir un fonds d'urgence robuste, idéalement couvrant 3 à 6 mois de dépenses de vie, y compris les coûts liés à la propriété.

Améliorations de l'Efficacité Énergétique : Envisagez des améliorations qui augmentent l'efficacité énergétique de votre maison, telles que l'isolation, le remplacement des fenêtres, et les systèmes de chauffage/climatisation modernes. Cela peut entraîner des économies substantielles à long terme.

Se préparer pour la propriété implique une évaluation réaliste des coûts et des responsabilités associés à la possession d'une maison. En prenant des mesures proactives pour budgétiser, économiser, et planifier, vous pouvez profiter des joies de la propriété sans le fardeau financier inattendu. La clé est dans la préparation et la planification financière minutieuse.

L'achat d'une propriété est une entreprise majeure qui nécessite une préparation minutieuse et une planification financière. En comprenant le marché immobilier, en évaluant soigneusement votre situation financière, et en naviguant avec succès dans le processus d'achat, vous pouvez faire de l'achat de votre première maison une réalité réalisable et gratifiante.

CHAPITRE 6 :
CRYPTOMONNAIES
ET BLOCKCHAIN

Le monde des cryptomonnaies et de la blockchain représente une évolution significative dans la manière dont nous percevons et utilisons l'argent. Ces technologies offrent non seulement un nouveau type d'actif d'investissement mais remettent également en question nos systèmes financiers traditionnels. Ce chapitre explore les bases de la blockchain et des cryptomonnaies, leur potentiel et leurs risques.

Comprendre la Blockchain

La blockchain est une technologie de stockage et de transmission d'informations, transparente, sécurisée, et fonctionnant sans organe central de contrôle. Pour approfondir cette partie, nous examinerons ses principes fondamentaux à travers des données de recherche et des études de cas.

Principes Fondamentaux de la Blockchain

La blockchain est essentiellement un registre numérique distribué qui enregistre les transactions dans des blocs liés et sécurisés à l'aide de la cryptographie. Chaque bloc contient un identifiant unique appelé "hash" qui le relie au bloc précédent, créant ainsi une chaîne ininterrompue. Cette structure rend les données immuables et résistantes à la modification frauduleuse, car changer une information sur un bloc nécessiterait de modifier tous les blocs suivants dans la chaîne.

Décentralisation

Contrairement aux systèmes traditionnels, où les données sont stockées sur un serveur central, la blockchain est distribuée sur un réseau d'ordinateurs, appelés nœuds. Cette décentralisation garantit que même si un nœud est compromis, les données restent sécurisées et accessibles ailleurs dans le réseau.

Étude de Cas : Bitcoin

La blockchain a été introduite pour la première fois en tant que technologie sous-jacente du Bitcoin, la première crypto-monnaie décentralisée. Bitcoin a démontré que la blockchain pouvait être utilisée pour créer un système de paiement sécurisé sans le besoin d'une autorité centrale. En résolvant le problème du double dépense, Bitcoin a prouvé la viabilité des transactions financières peer-to-peer.

Transparence et Immutabilité

Chaque transaction sur une blockchain est vérifiable par tous les utilisateurs et ne peut être modifiée une fois enregistrée. Cette caractéristique renforce la confiance dans le système, car toutes les parties ont accès à un historique des transactions inaltérable.

Étude de Cas : Ethereum et les Contrats Intelligents

Ethereum a étendu l'utilisation de la blockchain au-delà des transactions monétaires pour exécuter des "contrats intelligents". Ces programmes auto-exécutables permettent de créer des applications décentralisées (DApps) qui fonctionnent exactement comme programmé sans aucune possibilité de fraude ou d'interruption. Un exemple notable est celui de "The DAO", une organisation autonome décentralisée sur Ethereum. Bien que "The DAO" ait été piratée en raison d'une faille dans son code, l'incident a souligné l'importance de la sécurité dans le développement des contrats intelligents et a conduit à des améliorations significatives dans l'écosystème.

Conseils Pratiques pour l'Adoption de la Blockchain

Éducation et Recherche : Avant d'adopter la technologie blockchain, il est crucial de comprendre ses principes, ses avantages et ses limites. Suivez des cours en ligne, participez à des webinaires et lisez les dernières recherches.

Évaluation des Besoins : Analysez si la blockchain est la solution appropriée pour votre cas d'utilisation spécifique. Bien qu'elle offre de nombreux avantages, la blockchain n'est pas nécessairement adaptée à toutes les applications.

Sécurité : Prenez des mesures pour sécuriser vos interactions avec la technologie blockchain. Cela inclut l'utilisation de portefeuilles sécurisés pour les cryptomonnaies et la prudence lors de l'interaction avec des contrats intelligents.

La blockchain représente une avancée technologique significative avec le potentiel de transformer divers secteurs en offrant une plus grande sécurité, transparence et efficacité. Sa compréhension approfondie est essentielle pour naviguer dans le paysage numérique actuel et exploiter son potentiel.

Introduction aux Cryptomonnaies

L'introduction aux cryptomonnaies est un voyage fascinant dans le monde des finances numériques, marqué par l'innovation, la volatilité et un potentiel de transformation économique. Les cryptomonnaies, avec le Bitcoin en tête, ont ouvert la voie à une nouvelle ère de transactions décentralisées, remettant en question le modèle traditionnel des systèmes monétaires.

Fondamentaux des Cryptomonnaies

Les cryptomonnaies sont des monnaies numériques ou virtuelles sécurisées par la cryptographie, ce qui les rend pratiquement impossibles à contrefaire ou à double-dépenser. Elles fonctionnent sur des réseaux de blockchain décentralisés, une technologie distribuée gérée par un réseau disparate d'ordinateurs. Contrairement aux monnaies fiduciaires, elles sont généralement exemptes du contrôle des gouvernements ou des banques centrales.

Bitcoin : Le Pionnier

Le Bitcoin, créé en 2009 par une personne ou un groupe de personnes sous le pseudonyme de Satoshi Nakamoto, était la première crypto-monnaie et reste la plus reconnue et la plus précieuse. Le Bitcoin a été conçu comme un système de paiement électronique peer-to-peer, offrant un moyen de transférer de la valeur de manière sécurisée et sans l'intermédiation des institutions financières traditionnelles.

Étude de Cas : L'Adoption du Bitcoin par PayPal

En 2020, PayPal a annoncé son entrée dans le monde des cryptomonnaies, permettant à ses utilisateurs d'acheter, de vendre et de détenir du Bitcoin et d'autres cryptomonnaies directement depuis leur compte PayPal. Cette décision a marqué un point tournant majeur pour l'adoption des cryptomonnaies, les intégrant dans un système de paiement grand public et soulignant leur potentiel à devenir une partie intégrante de l'écosystème financier mondial.

Altcoins et Tokens

Après le lancement du Bitcoin, des milliers d'alternatives, connues sous le nom d'altcoins, ont été créées, chacune avec ses propres caractéristiques et cas d'utilisation. Ethereum, Ripple (XRP), Litecoin et plus récemment des Tokens non fongibles (NFTs) ont enrichi l'écosystème des cryptomonnaies, offrant une diversité d'options d'investissement et d'application.

Ethereum et les Contrats Intelligents

Ethereum, lancé en 2015 par Vitalik Buterin et d'autres, a introduit le concept de contrats intelligents, des programmes qui s'exécutent automatiquement lorsque certaines conditions sont remplies, sans nécessiter d'intervention tierce. Cette innovation a ouvert la porte à de nombreuses applications, de la finance décentralisée (DeFi) aux jeux et à l'art numérique.

Étude de Cas : CryptoKitties

CryptoKitties, l'un des premiers jeux à utiliser la blockchain Ethereum pour créer et échanger des actifs numériques uniques, a gagné une popularité massive en 2017. Les utilisateurs pouvaient acheter, vendre, échanger et élever des chats virtuels, chaque CryptoKitty étant un token non fongible unique sur la blockchain. Le succès de CryptoKitties a non seulement démontré le potentiel des NFTs mais a également mis en évidence les défis de scalabilité auxquels Ethereum devait faire face.

Conseils Pratiques pour les Débutants

Recherche et Éducation : Avant d'investir dans les crypto-monnaies, consacrez du temps à comprendre le marché, les technologies sous-jacentes et les spécificités de chaque monnaie.

Prudence et Diversification : La volatilité des crypto-monnaies peut offrir des gains significatifs mais comporte également des risques. Diversifiez votre portefeuille pour réduire le risque.

Sécurité des Actifs : Utilisez des portefeuilles sécurisés, et envisagez des portefeuilles froids pour stocker de grandes quantités de crypto-monnaies à long terme.

Les crypto-monnaies représentent une avancée remarquable dans le domaine de la finance, offrant des possibilités d'innovation et d'investissement. Comme avec toute nouvelle technologie, les défis existent, mais avec une éducation appropriée et une approche prudente, le potentiel des crypto-monnaies et de la blockchain est immense.

Investir dans les

Cryptomonnaies

Investir dans les crypto-monnaies est une démarche qui attire de plus en plus d'attention en raison de leur potentiel de rendement élevé, mais elle comporte aussi des risques significatifs liés à la volatilité du marché, à la sécurité des actifs numériques, et à un paysage réglementaire en évolution. Cet approfondissement inclut des données de recherche et des études de cas pour fournir une perspective équilibrée sur l'investissement dans les crypto-monnaies.

Évaluation des Risques

Volatilité du Marché : Les crypto-monnaies sont notoirement volatiles. Par exemple, le Bitcoin a connu plusieurs cycles de hausse et de baisse spectaculaires depuis sa création. Une étude de l'Université de Cambridge sur la volatilité des cryptomonnaies montre que, bien que le marché puisse offrir des gains substantiels, il peut également entraîner des pertes tout aussi significatives en très peu de temps.

Sécurité des Actifs : La sécurité est une préoccupation majeure dans l'investissement en crypto-monnaies. Les piratages de plateformes d'échange et les escroqueries sont courants. En 2019, par exemple, le piratage de la plateforme d'échange Binance a entraîné la perte de plus de 40 millions de dollars en Bitcoin.

Réglementation : Le paysage réglementaire pour les crypto-monnaies est encore en développement et varie considérablement d'un pays à l'autre. Les décisions réglementaires peuvent avoir un impact profond sur la valeur et la légitimité des crypto-monnaies.

Stratégies d'Investissement

Diversification : Comme pour tout portefeuille d'investissement, la diversification est cruciale. Ne pas mettre tous ses œufs dans le même panier est une règle d'or en investissement, particulièrement pertinente dans le contexte volatile des crypto-monnaies.

Recherche et Éducation : Avant d'investir, il est essentiel de comprendre les bases des crypto-monnaies et de la blockchain. Suivre des cours, lire des livres blancs et analyser les tendances du marché peut fournir des insights précieux.

Investissement à Long Terme vs. Trading Actif : L'achat et la détention (HODL) de crypto-monnaies peuvent être une stratégie pour ceux qui croient à la croissance à long terme du marché des crypto-monnaies. Le trading actif, bien que potentiellement plus lucratif, requiert une compréhension approfondie du marché et une tolérance élevée au risque.

Études de Cas

L'Ascension du Bitcoin : L'histoire de personnes devenant millionnaires grâce à des investissements précoces dans le Bitcoin est bien connue. Un exemple notable est celui d'un investisseur norvégien qui a acheté pour 27 dollars de Bitcoin en 2009 et a oublié son investissement jusqu'en 2013, pour découvrir alors que sa valeur avait augmenté à près de 900 000 dollars.

L'Impact de la DeFi : La finance décentralisée (DeFi) a pris d'assaut le marché des crypto-monnaies en 2020, créant de nouvelles opportunités pour les investisseurs.

Le jeton COMP de Compound est un exemple de réussite, sa valeur ayant grimpé en flèche peu après son lancement en raison de l'intérêt accru pour les protocoles DeFi.

Conseils Pratiques

Utilisez des Plateformes Réputées : Pour acheter et stocker des crypto-monnaies, choisissez des plateformes d'échange et des portefeuilles numériques fiables et sécurisés.

Soyez Préparé pour la Volatilité : Ayez un plan en place pour gérer la volatilité. Cela peut inclure la définition de limites de perte ou l'allocation d'une petite portion de votre portefeuille d'investissement aux crypto-monnaies.

Restez Informé : Le monde des crypto-monnaies évolue rapidement. Restez à jour avec les dernières nouvelles et tendances pour prendre des décisions d'investissement éclairées.

Investir dans les crypto-monnaies offre des opportunités uniques mais nécessite une approche prudente et informée. En évaluant soigneusement les risques, en adoptant des stratégies d'investissement réfléchies et en restant vigilant face à la sécurité et à la réglementation, les investisseurs peuvent naviguer dans ce paysage complexe avec une plus grande confiance et potentiel de réussite.

Sécurité et Règlementation

La sécurité et la réglementation sont des aspects critiques de l'écosystème des crypto-monnaies, touchant à la fois les investisseurs individuels et le marché global. Les défis dans ces domaines comprennent la sécurisation des actifs numériques contre les cyberattaques et la navigation dans un paysage réglementaire en constante évolution.

Sécurité des Actifs Numériques

La sécurisation des actifs numériques est primordiale pour prévenir les pertes dues à des failles de sécurité, des piratages, ou des escroqueries.

Étude de Cas : Le Piratage de Mt. Gox

Mt. Gox, autrefois la plus grande plateforme d'échange de Bitcoin, a subi un piratage massif en 2014, où environ 850 000 bitcoins (d'une valeur de 450 millions de dollars à l'époque) ont été volés. Cet événement a mis en évidence les risques de sécurité associés au stockage des crypto-monnaies sur des plateformes d'échange et a conduit à un renforcement des mesures de sécurité dans l'industrie.

Conseils Pratiques :

Stockage Froid : Utiliser des portefeuilles froids (non connectés à Internet) pour stocker de grandes quantités de crypto-monnaies peut réduire le risque de piratage.

Authentification à Deux Facteurs (2FA) : Activer 2FA sur tous les comptes liés aux crypto-monnaies pour ajouter une couche de sécurité supplémentaire.

Éducation : Se familiariser avec les types courants d'escroqueries crypto pour mieux les identifier et les éviter.

Réglementation des Crypto-monnaies

Le paysage réglementaire des crypto-monnaies varie considérablement d'un pays à l'autre et est en constante évolution. La réglementation vise à protéger les investisseurs, à prévenir le blanchiment d'argent et à intégrer les crypto-monnaies dans le cadre financier légal.

Étude de Cas : La Réglementation de la SEC sur les ICO

La Securities and Exchange Commission (SEC) des États-Unis a intensifié sa surveillance des offres initiales de pièces (ICO) à partir de 2017, déclarant que certaines ICO pourraient être considérées comme des offres de valeurs mobilières et donc soumises à des règlements stricts. Cette action a souligné l'importance pour les projets de crypto-monnaies de se conformer aux lois sur les valeurs mobilières.

Conseils Pratiques

Veille Réglementaire : Les investisseurs doivent rester informés des changements réglementaires dans leur juridiction, car ceux-ci peuvent affecter la façon dont ils achètent, vendent et stockent les crypto-monnaies.

Transparence : Opter pour des plateformes d'échange et des projets crypto qui adhèrent aux meilleures pratiques réglementaires et qui font preuve de transparence dans leurs opérations.

L'Avenir de la Réglementation

Alors que les crypto-monnaies continuent de gagner en popularité et en adoption, il est probable que nous verrons une augmentation des efforts de réglementation à travers le monde. Ces réglementations chercheront à trouver un équilibre entre la protection des consommateurs, la promotion de l'innovation et la prévention des activités illégales.

Considérations Globales

Normes Internationales : Des organismes tels que le Groupe d'action financière (GAFI) travaillent à l'élaboration de normes internationales pour la réglementation des crypto-monnaies.

Adoption Institutionnelle : L'adoption croissante des crypto-monnaies par les institutions financières traditionnelles pourrait également accélérer l'établissement de cadres réglementaires clairs.

La sécurité et la réglementation resteront des thèmes dominants dans le discours sur les crypto-monnaies. Une approche proactive en matière de sécurité personnelle et une compréhension du paysage réglementaire sont essentielles pour naviguer avec succès dans le monde des crypto-monnaies.

Avenir des Cryptomonnaies et de la Blockchain

L'avenir des crypto-monnaies et de la blockchain s'annonce prometteur, avec des avancées technologiques continues et une intégration croissante dans les systèmes financiers et au-delà. Examinons plus en détail les tendances émergentes, les innovations, et les défis à venir, soutenus par des données de recherche et des études de cas.

Innovations et Tendances

Finance Décentralisée (DeFi) : DeFi utilise la blockchain pour créer des versions décentralisées des services financiers traditionnels, comme les prêts et les échanges, sans intermédiaires. Selon DeFi Pulse, le montant total bloqué dans des contrats intelligents DeFi a considérablement augmenté, passant de moins de 1 milliard USD en 2019 à plus de 40 milliards USD début 2021, soulignant l'énorme intérêt et le potentiel de croissance.

Tokens Non Fongibles (NFTs) : Les NFTs ont transformé le marché de l'art et des collectibles en permettant la propriété vérifiable d'objets numériques uniques. Un exemple marquant est la vente d'une œuvre d'art numérique par l'artiste Beeple pour 69 millions USD chez Christie's, établissant les NFTs comme une nouvelle classe d'actifs dans le monde de l'art.

Défis à Surmonter

Scalabilité : Alors que l'utilisation de la blockchain et des crypto-monnaies augmente, les réseaux tels que Bitcoin et Ethereum font face à des défis de scalabilité, se traduisant par des frais de transaction élevés et des vitesses de traitement plus lentes. Des solutions comme le sharding (Ethereum 2.0) et le Lightning Network (Bitcoin) sont en développement pour adresser ces problèmes.

Réglementation et Adoption : L'incertitude réglementaire demeure un défi majeur pour l'avenir des crypto-monnaies. La manière dont les gouvernements et les organismes de réglementation choisiront de s'engager avec les crypto-monnaies influencera largement leur adoption mainstream et leur intégration dans les systèmes financiers existants.

<u>Impact sur la Finance Traditionnelle</u>

Systèmes de Paiement : Les crypto-monnaies promettent de révolutionner les systèmes de paiement en offrant des transactions plus rapides, moins chères, et globalement accessibles. Par exemple, le projet Diem (anciennement Libra) soutenu par Facebook vise à créer une crypto-monnaie stable qui pourrait faciliter les paiements et transferts d'argent à l'échelle mondiale.

Inclusion Financière : Les crypto-monnaies et la blockchain ont le potentiel d'améliorer l'accès aux services financiers pour les populations non bancarisées ou sous-bancarisées dans le monde. En offrant des moyens de stockage de valeur sécurisés et accessibles, les technologies de blockchain peuvent jouer un rôle clé dans l'augmentation de l'inclusion financière globale.

<u>Conseils pour les Investisseurs et les Consommateurs</u>

Restez Informé : L'espace des crypto-monnaies et de la blockchain évolue rapidement. Pour les investisseurs et les consommateurs, il est crucial de rester informé des dernières tendances, innovations, et réglementations.

Approche Prudente : Malgré le potentiel de gains élevés, l'investissement dans les crypto-monnaies comporte des risques. Une approche prudente, comprenant la diversification et une compréhension claire des actifs dans lesquels vous investissez, est essentielle.

L'avenir des crypto-monnaies et de la blockchain est riche en opportunités, mais aussi en défis. Alors que ces technologies continuent de mûrir et de se développer, elles pourraient bien remodeler de nombreux aspects de notre société et de notre économie, offrant des moyens innovants de réaliser des transactions, d'investir et d'accéder à des services financiers.

Les crypto-monnaies et la technologie blockchain ont le potentiel de révolutionner notre système financier mondial, offrant plus d'efficacité, de transparence et d'accès. Cependant, naviguer dans cet espace nécessite une compréhension solide des technologies, une évaluation prudente des risques et une approche stratégique de l'investissement. À mesure que ces technologies continuent d'évoluer, elles présenteront de nouvelles opportunités et défis pour les investisseurs et les consommateurs.

CHAPITRE 7 : CRÉATION DE RICHESSE ET PLANIFICATION À LONG TERME

Ce chapitre explore les stratégies essentielles pour bâtir et préserver la richesse à travers une planification financière judicieuse et des investissements stratégiques. La création de richesse ne se limite pas à l'accumulation d'actifs mais implique également la gestion intelligente des dépenses, l'investissement dans des actifs qui génèrent de la valeur, et la préparation pour l'avenir.

Comprendre la Planification Financière

La planification financière est un processus qui aide les individus à gérer leurs finances de manière à atteindre leurs objectifs de vie à court, moyen et long terme. Elle implique une évaluation détaillée des revenus, des dépenses, des actifs et des passifs actuels, ainsi qu'une stratégie pour atteindre les objectifs financiers futurs. Voici une exploration approfondie de la planification financière, enrichie de données de recherche, d'anecdotes et de conseils pratiques.

Établir des Objectifs Financiers Clairs

Une étude de l'Université de Scranton révèle que seulement 8% des personnes atteignent leurs objectifs. Cela souligne l'importance de fixer des objectifs financiers clairs et réalisables. Les objectifs doivent être spécifiques, mesurables, atteignables, pertinents et temporellement définis (SMART).

Léa, une jeune professionnelle, s'est fixée l'objectif d'économiser 10 000 € pour son fonds d'urgence en deux ans. Elle a divisé cet objectif en petits objectifs mensuels et a surveillé ses progrès, ce qui l'a aidée à rester motivée et à atteindre son objectif dans le délai imparti.

Commencez par identifier ce que vous souhaitez réaliser financièrement dans les prochains mois, années et décennies. Cela pourrait inclure l'épargne pour un acompte immobilier, la planification pour la retraite ou le financement des études de vos enfants. Utilisez des outils de gestion financière pour suivre vos progrès.

Analyse de Votre Situation Financière Actuelle

Selon une enquête de la National Foundation for Credit Counseling, une personne sur trois ne tient pas de budget mensuel. Pourtant, comprendre où vous en êtes aujourd'hui financièrement est crucial pour planifier l'avenir.

Marc a réalisé qu'après avoir suivi ses dépenses pendant un mois, il dépensait une somme importante en abonnements non utilisés. En les annulant, il a pu réaffecter cet argent à son épargne-retraite.

Faites l'inventaire de vos revenus, de vos dépenses, de vos dettes et de vos actifs. Cela peut impliquer la création d'un budget détaillé ou l'utilisation d'applications de finances personnelles. Recherchez des moyens de réduire les dépenses inutiles et augmentez votre taux d'épargne.

Principes de l'Investissement

Une étude publiée dans le Journal of Financial Economics a montré que les investisseurs qui diversifient leurs portefeuilles réduisent leur risque et améliorent leurs rendements à long terme par rapport à ceux qui investissent de manière plus concentrée.

Emma, qui avait initialement tout investi dans des actions technologiques, a subi de lourdes pertes lors d'un repli du marché. Elle a appris l'importance de la diversification et a depuis réparti ses investissements dans divers secteurs et classes d'actifs.

Ne mettez pas tous vos œufs dans le même panier. Diversifiez vos investissements entre différentes classes d'actifs (actions, obligations, immobilier) et au sein de ces classes pour minimiser les risques et stabiliser les rendements.

La planification financière est un processus dynamique qui nécessite une adaptation constante aux changements de la vie et aux conditions du marché. En établissant des objectifs clairs, en comprenant votre situation financière actuelle, et en adoptant des principes d'investissement solides, vous pouvez créer une fondation solide pour atteindre la sécurité financière et réaliser vos ambitions à long terme.

Principes de l'Investissement

Les principes de l'investissement constituent le fondement d'une stratégie financière solide, aidant les investisseurs à maximiser les rendements tout en minimisant les risques. Une compréhension approfondie de ces principes, soutenue par des données de recherche et illustrée par des anecdotes, peut éclairer les décisions d'investissement et guider vers une meilleure planification financière à long terme.

Diversification des Investissements

Une analyse publiée par le Journal of Financial Economics indique que la diversification peut réduire significativement le risque sans compromettre les rendements attendus. En investissant dans une variété d'actifs qui réagissent différemment aux mêmes conditions économiques, les investisseurs peuvent lisser les fluctuations de leur portefeuille.

Sara, qui avait investi majoritairement dans l'immobilier, a ressenti l'impact de la crise immobilière de 2008. Après cette expérience, elle a diversifié ses investissements en incluant des actions, des obligations et même des crypto-monnaies, ce qui a stabilisé son portefeuille lors des turbulences du marché.

Commencez par évaluer votre tolérance au risque et vos objectifs financiers. Ensuite, répartissez vos investissements entre plusieurs classes d'actifs. N'oubliez pas que la diversification implique également la diversification au sein d'une même classe d'actifs, comme la possession d'actions dans plusieurs secteurs économiques.

Investissements à Long Terme

Selon une étude de la Dalbar Inc., la performance des investisseurs individuels est souvent inférieure à celle des marchés financiers en raison du timing du marché et des réactions émotionnelles. L'investissement à long terme, en revanche, a montré une capacité à surmonter la volatilité du marché et à accumuler des rendements substantiels au fil du temps.

Max a commencé à investir dans un fonds indiciel à faible coût dès son premier emploi. Malgré les hauts et les bas du marché, il a maintenu ses contributions mensuelles, et 30 ans plus tard, il dispose d'un portefeuille substantiel qui lui offre la liberté financière.

Adoptez une perspective à long terme en investissant régulièrement, indépendamment des fluctuations du marché. Considérez des stratégies telles que l'investissement par sommes fixes (dollar-cost averaging), où vous investissez un montant fixe périodiquement, ce qui peut réduire l'impact de la volatilité.

Gestion du Risque

La gestion du risque est cruciale pour la préservation du capital. Une publication dans le "Review of Financial Studies" souligne l'importance de comprendre les risques spécifiques associés à chaque type d'investissement et de les atténuer à travers des stratégies comme la diversification et l'allocation d'actifs.

Lors de la bulle des dot-com, Julien a perdu une grande partie de ses économies en investissant principalement dans des startups technologiques. Cette expérience lui a appris à évaluer soigneusement le risque et à équilibrer son portefeuille avec des investissements plus stables.

Assurez-vous de bien comprendre les risques associés à chaque investissement. Utilisez des outils comme l'analyse de la volatilité et des corrélations pour construire un portefeuille qui correspond à votre tolérance au risque. N'oubliez pas que la gestion du risque inclut également la préparation à l'incertitude en maintenant un fonds d'urgence liquide.

Les principes de l'investissement offrent une structure pour naviguer dans le monde complexe de la création de richesse. En adoptant une approche disciplinée qui met l'accent sur la diversification, les investissements à long terme et la gestion du risque, les investisseurs peuvent renforcer leurs finances et atteindre leurs objectifs financiers avec une plus grande sérénité.

Gestion des Risques

La gestion des risques est une composante cruciale de la stratégie d'investissement, essentielle pour protéger votre portefeuille contre les incertitudes du marché et maximiser vos rendements à long terme. Aborder ce sujet requiert une compréhension des différents types de risques et des stratégies pour les atténuer.

Identification des Risques

Une étude publiée dans le "Journal of Portfolio Management" distingue plusieurs types de risques auxquels les investisseurs peuvent être confrontés, y compris le risque de marché, le risque de crédit, le risque de liquidité, et le risque opérationnel. Chacun de ces risques nécessite une stratégie d'atténuation spécifique pour protéger le portefeuille.

Conseil Pratique : Pour une gestion efficace des risques, commencez par identifier les risques spécifiques associés à chaque investissement dans votre portefeuille. Cela implique une analyse approfondie des actifs individuels, ainsi qu'une compréhension du contexte économique global qui pourrait influencer leur performance.

Stratégies d'Atténuation

Diversification : La diversification est l'une des méthodes les plus efficaces pour réduire le risque de portefeuille. Elle consiste à répartir les investissements à travers différentes classes d'actifs, secteurs, géographies, et même styles d'investissement.

Couverture : Les stratégies de couverture, telles que l'utilisation d'options ou de contrats à terme, peuvent aider à protéger les investissements contre les mouvements de marché défavorables. Cependant, ces techniques requièrent une expertise approfondie et peuvent augmenter les coûts de transaction.

Allocation d'Actifs : L'allocation d'actifs est le processus de répartition de l'investissement entre différentes classes d'actifs selon votre tolérance au risque et vos objectifs financiers. Une étude de l'Université de Yale montre que l'allocation d'actifs est responsable de plus de 90% de la performance d'un portefeuille à long terme.

Anecdotes et Conseils Pratiques

Laura a diversifié son portefeuille en incluant des actions, des obligations, et de l'immobilier. Pendant une période de volatilité des actions, ses obligations ont fourni un revenu stable, et son investissement immobilier a continué à apprécier, atténuant l'impact global sur son portefeuille.

Conseil Pratique : Évaluez régulièrement votre portefeuille pour vous assurer qu'il est en adéquation avec votre tolérance au risque et vos objectifs financiers. Cela peut nécessiter de réajuster votre allocation d'actifs au fil du temps, en fonction des changements dans le marché ou dans votre vie personnelle.

Kevin, un trader expérimenté, a utilisé des options pour couvrir ses positions en actions contre une baisse potentielle du marché. Bien que cette stratégie ait limité ses pertes pendant une correction du marché, elle a également réduit ses gains lorsque le marché s'est redressé.

Conseil Pratique : Avant de recourir à des stratégies de couverture complexes, assurez-vous de bien comprendre comment elles fonctionnent et les risques associés. Dans certains cas, la simplicité et la patience peuvent être des approches plus efficaces pour la gestion des risques.

La gestion des risques est un processus dynamique qui nécessite une vigilance constante et une adaptation aux conditions changeantes du marché. En utilisant des stratégies d'atténuation appropriées, telles que la diversification, la couverture et une allocation d'actifs prudente, les investisseurs peuvent naviguer plus sereinement dans le paysage financier et se rapprocher de leurs objectifs à long terme.

Planification de la Retraite

La planification de la retraite est un aspect crucial de la planification financière à long terme, nécessitant une approche stratégique pour garantir un avenir financier sécurisé. Aborder ce sujet implique de comprendre les options d'épargne, d'investissement et les stratégies pour maximiser les revenus de retraite.

Stratégies d'Épargne Retraite

Une étude de l'Employee Benefit Research Institute a révélé qu'une planification de retraite efficace, y compris des contributions régulières à des comptes de retraite tels que 401(k) ou IRA, peut considérablement augmenter la probabilité de maintenir le niveau de vie souhaité pendant la retraite.

Conseil Pratique : Commencez à épargner pour la retraite le plus tôt possible pour profiter de la croissance composée. Même des contributions modestes peuvent s'accumuler significativement au fil du temps.

Diversification et Allocation d'Actifs

La diversification de l'allocation d'actifs dans votre portefeuille de retraite est essentielle pour gérer les risques et optimiser les rendements. Une publication du Journal of Financial Planning suggère que l'allocation d'actifs doit évoluer avec l'âge de l'investisseur, en devenant progressivement plus conservatrice à mesure que l'on se rapproche de la retraite.

Conseil Pratique : Réévaluez et ajustez votre allocation d'actifs périodiquement pour s'assurer qu'elle reste alignée avec vos objectifs de retraite et votre tolérance au risque.

Maximisation des Avantages Fiscaux

Tirer parti des avantages fiscaux liés aux comptes de retraite peut augmenter considérablement l'épargne-retraite. Par exemple, les contributions à un 401(k) ou à un IRA traditionnel peuvent réduire le revenu imposable, tandis que les comptes Roth offrent des retraits en franchise d'impôt à la retraite.

Conseil Pratique : Explorez les options de comptes de retraite disponibles et choisissez ceux qui offrent les meilleurs avantages fiscaux en fonction de votre situation.

<u>Anecdotes</u>

Jean, un enseignant, a commencé à épargner pour sa retraite dès son premier emploi en contribuant au maximum à son 403(b). Grâce à des investissements judicieux et à la croissance composée, il a pu prendre sa retraite confortablement à 60 ans, même en vivant dans une région au coût de la vie élevé.

Marie, après avoir négligé son épargne-retraite pendant ses premières années de travail, a dû intensifier considérablement ses contributions dans la quarantaine et la cinquantaine. Malgré des sacrifices financiers, elle a réussi à rattraper son retard grâce à une stratégie d'investissement agressive et une utilisation astucieuse des comptes de retraite fiscalement avantageux.

<u>Planification pour les Dépenses de Retraite</u>

Une planification prudente des dépenses est essentielle pour éviter de puiser trop rapidement dans l'épargne-retraite. La règle des 4 %, qui suggère de retirer seulement 4 % de votre portefeuille de retraite chaque année, est souvent citée comme une stratégie viable pour éviter l'épuisement des fonds.

Conseil Pratique : Établissez un budget de retraite réaliste qui couvre les dépenses essentielles, les loisirs et les coûts imprévus. Réévaluez ce budget régulièrement pour s'adapter aux changements de la vie et du marché.

La planification de la retraite est un processus continu qui nécessite attention, discipline et une stratégie d'investissement adaptée. En commençant tôt, en diversifiant l'épargne et les investissements, et en maximisant les avantages fiscaux, vous pouvez créer une base solide pour une retraite confortable et sécurisée.

Transmission de la richesse

La transmission de la richesse à travers les générations est un élément crucial de la planification financière à long terme, qui assure non seulement la sécurité financière de vos héritiers mais contribue également à perpétuer vos valeurs et objectifs financiers au-delà de votre propre vie.

Planification Successorale

Une enquête menée par le Wealth Counsel a révélé que bien que 64% des Américains reconnaissent l'importance de la planification successorale, seulement 40% en possèdent une. Cette lacune peut entraîner des complications légales, des taxes importantes et des conflits familiaux après le décès d'un individu.

Conseil Pratique : Consultez un avocat spécialisé en planification successorale pour créer un testament, établir des fiducies si nécessaire, et désigner des bénéficiaires pour vos comptes financiers et polices d'assurance-vie. Cela garantira que vos actifs sont distribués selon vos souhaits.

Philanthropie et Héritage

La Giving USA Foundation rapporte que les dons individuels représentent la majorité des contributions philanthropiques chaque année. Incorporer la philanthropie dans votre plan de transmission de richesse peut non seulement avoir un impact positif sur la société mais aussi transmettre des valeurs de générosité à la prochaine génération.

L'héritage de Warren Buffet est souvent cité comme un exemple emblématique de philanthropie planifiée. En s'engageant à donner la majeure partie de sa fortune à des œuvres caritatives, Buffet a non seulement contribué à des causes significatives mais a également influencé d'autres individus fortunés à envisager la philanthropie dans leur propre planification successorale.

Conseil Pratique : Envisagez d'établir un fonds conseillé par des donateurs ou une fondation privée si vous souhaitez intégrer la philanthropie dans votre héritage. Cela peut offrir des avantages fiscaux significatifs et vous permettre de rester impliqué dans les décisions de don pendant votre vie.

Transmission Efficace de la Richesse

Une étude de la Royal Bank of Canada a trouvé que la communication est essentielle dans la planification de la transmission de la richesse. Beaucoup de familles évitent les discussions sur les finances, ce qui peut mener à des malentendus et des surprises inutiles lors de la transition de la richesse.

Après le décès de leur père, les enfants de Martin ont été surpris d'apprendre qu'il avait laissé une partie importante de sa fortune à une œuvre caritative, ne laissant pas assez pour couvrir certaines dépenses prévues. Cette situation aurait pu être évitée avec une communication claire et une planification partagée.

Conseil Pratique : Impliquez vos héritiers dans les discussions sur la planification financière et successorale. Cela peut aider à aligner les attentes, à transmettre des connaissances financières et à renforcer les liens familiaux autour d'objectifs communs.

La transmission de la richesse va au-delà de la simple distribution d'actifs ; c'est une opportunité pour transmettre des valeurs, soutenir des causes importantes et établir un héritage durable. Une planification minutieuse, la consultation de professionnels et une communication ouverte avec les héritiers sont essentielles pour assurer une transition harmonieuse de la richesse à travers les générations.

La création de richesse et la planification à long terme sont des processus continus qui nécessitent engagement, éducation et adaptation aux changements de la vie. En adoptant une approche stratégique de vos finances, en investissant judicieusement et en planifiant pour l'avenir, vous pouvez bâtir un patrimoine durable et réaliser vos objectifs financiers.

CONCLUSION

Au terme de ce voyage à travers les principes fondamentaux de la finance personnelle, des stratégies d'investissement, et de la planification à long terme, il est clair que la gestion efficace de vos finances est à la fois un défi et une opportunité. À travers les chapitres, nous avons exploré les nuances de l'épargne, l'importance de l'investissement, et les subtilités de la budgétisation, tout en mettant en lumière les possibilités offertes par les crypto-monnaies et les stratégies pour bâtir et transmettre la richesse.

Comprendre et Appliquer les Principes Financiers

La finance n'est pas seulement une question de chiffres, mais aussi une réflexion sur la manière dont nous valorisons notre temps, notre travail, et nos aspirations. Comprendre les principes financiers de base et les appliquer dans votre vie vous arme d'un outil puissant pour façonner votre avenir.

Investir dans Votre Avenir

L'investissement, bien au-delà de la simple accumulation d'actifs, est un engagement envers votre futur. Que ce soit à travers les marchés financiers, l'immobilier, ou les nouvelles frontières de la blockchain et des crypto-monnaies, les opportunités d'investissement sont vastes. L'approche clé reste la diversification, la patience et une éducation continue.

Planification et Adaptation

La vie est imprévisible. Votre capacité à planifier pour l'avenir tout en restant adaptable face aux changements est essentielle. La planification de la retraite, la gestion des risques et la transmission de la richesse ne sont pas de simples tâches à cocher sur une liste, mais des processus continus qui nécessitent réflexion, dialogue et réévaluation régulière.

Un Voyage Personnel

Chaque individu est unique, et il en va de même pour votre parcours financier. Les anecdotes et études de cas présentées dans ce livre illustrent que, si les principes de la finance personnelle sont universels, leur application est profondément personnelle. Votre relation avec l'argent, vos objectifs et votre tolérance au risque influenceront votre stratégie financière.

Vers un Avenir Financier Lumineux

L'avenir financier vous appartient. Avec les connaissances et les outils que vous avez acquis, vous êtes maintenant mieux équipé pour naviguer dans le paysage financier, prendre des décisions éclairées et poursuivre vos objectifs avec confiance. Rappelez-vous, la clé de la réussite financière réside dans l'équilibre - équilibrer les objectifs à court terme avec les visions à long terme, équilibrer le risque avec la sécurité, et surtout, équilibrer la poursuite de la richesse matérielle avec la richesse de la vie vécue pleinement.

Engagement Continu

Je vous encourage à continuer d'apprendre, d'explorer et de questionner. Le monde de la finance évolue constamment, offrant de nouvelles opportunités et défis. Votre engagement continu envers votre éducation financière sera votre atout le plus précieux.

En conclusion, que ce livre serve de fondation sur laquelle bâtir une compréhension solide de la finance personnelle et de l'investissement. Que votre voyage soit rempli de croissance, de découverte et de succès. L'avenir financier est vaste avec des possibilités - saisissez-le avec détermination, sagesse, et une touche d'audace.

ANNEXES

Glossaire des Termes Financiers

401(k) : Un plan de retraite sponsorisé par l'employeur qui permet aux employés de sauvegarder et d'investir une part de leur salaire avant que les taxes ne soient déduites.

Actions : Titres représentant une part de propriété dans une entreprise, donnant droit à une fraction de ses actifs et bénéfices.

Allocation d'actifs : Stratégie d'investissement qui répartit les investissements entre différentes catégories d'actifs comme les actions, les obligations et l'immobilier.

Assurance : Un contrat représentant une politique de protection contre les pertes financières potentielles ou les dommages futurs.

Avantages fiscaux : Réductions d'impôts ou avantages spécifiques accordés pour encourager certains types d'investissements ou d'épargne.

Bénéficiaires : Personnes ou entités désignées pour recevoir les actifs ou les bénéfices d'un compte, d'une police d'assurance, ou d'une fiducie après le décès de l'individu.

Blockchain : Technologie de registre distribué qui enregistre les transactions de manière sécurisée, transparente et inaltérable sur plusieurs ordinateurs.

Budgétisation : Processus de création d'un plan pour dépenser votre argent, permettant de déterminer à l'avance si vous aurez suffisamment d'argent pour réaliser vos activités ou projets.

Comptes de retraite : Comptes spécifiquement conçus pour épargner et investir en vue de la retraite, souvent avec des avantages fiscaux.

Contributions régulières : Investissements ou épargnes effectués à intervalles réguliers, souvent mensuellement ou annuellement.

Couverture : Stratégie d'investissement utilisée pour réduire le risque de mouvements de prix défavorables dans un actif.

Crypto-monnaies : Monnaies digitales utilisant la cryptographie pour sécuriser les transactions et contrôler la création de nouvelles unités.

Croissance composée : Processus par lequel un investissement génère des gains, qui sont réinvestis pour générer leurs propres gains.

DeFi (Finance Décentralisée) : Système financier construit sur des réseaux blockchain qui fonctionne sans autorités centrales traditionnelles, comme les banques ou les gouvernements.

Diversification : Pratique d'investir dans une variété d'actifs pour réduire le risque global du portefeuille.

Dollar-cost averaging : Stratégie d'investissement qui consiste à diviser le montant total à investir sur des périodes régulières pour réduire l'impact de la volatilité sur l'investissement global.

ETFs (Exchange-Traded Funds) : Fonds d'investissement négociés sur les marchés boursiers, similaires aux fonds communs, mais avec la capacité d'être achetés ou vendus tout au long de la journée de trading.

Fiducies : Arrangements légaux dans lesquels un donneur confie à un tiers (fiduciaire) le droit de gérer les actifs pour le bénéfice d'un ou plusieurs bénéficiaires.

Finance personnelle : Gestion des finances personnelles, incluant l'épargne, l'investissement, la budgétisation et la planification financière.

Fonds communs de placement : Type d'investissement qui regroupe l'argent de nombreux investisseurs pour acheter un portefeuille diversifié d'actions, d'obligations ou d'autres titres.

Immobilier : Propriété constituée de terrain et de bâtiments, ainsi que de ses ressources naturelles, considérée comme un investissement.

IRA (Individual Retirement Account) : Compte de retraite qui offre des avantages fiscaux pour l'épargne-retraite aux États-Unis.

NFTs (Tokens Non Fongibles) : Actifs numériques uniques stockés sur une blockchain qui représentent la propriété d'objets virtuels ou physiques uniques.

Philanthropie : Désir ou effort d'améliorer le bien-être de l'humanité, souvent par le biais de dons charitables ou d'actions bénévoles.

Planification de la retraite : Processus de préparation et de mise en œuvre de plans financiers pour la période de la retraite, incluant l'épargne, l'investissement et la distribution des actifs.

Planification financière : Processus d'établissement d'objectifs financiers et de mise en œuvre de stratégies pour les atteindre.

Planification successorale : Préparation des directives concernant la distribution des actifs personnels après le décès.

Portefeuille d'investissement : Ensemble d'investissements détenus par une personne ou une institution, incluant divers types d'actifs.

Règle des 4 % : Stratégie de retrait de la retraite suggérant que retirer 4 % de son portefeuille la première année de retraite, ajusté pour l'inflation les années

FAQ sur les Finances Personnelles

Comment commencer à investir avec un petit budget ?

Commencez par épargner régulièrement, même si c'est un petit montant. Explorez les options d'investissement qui n'exigent pas un grand capital initial, comme les applications d'investissement fractionné, qui permettent d'acheter des parts d'actions. Profitez également des plans d'épargne-retraite offerts par votre employeur, tels que les 401(k) avec correspondance des contributions.

Est-il mieux de rembourser les dettes ou d'épargner et d'investir ?

Cela dépend des taux d'intérêt de vos dettes par rapport aux rendements attendus de vos investissements. En règle générale, si le taux d'intérêt de la dette est plus élevé que le rendement attendu de l'investissement, priorisez le remboursement de la dette. Cependant, il est également crucial de construire un fonds d'urgence tout en remboursant les dettes.

Comment établir un budget réaliste qui tient compte de loisirs ?

Commencez par suivre vos dépenses pour identifier où va votre argent. Allouez ensuite des fonds pour vos besoins essentiels (logement, nourriture, transport) et vos objectifs financiers (épargne, investissement, remboursement de dettes). Avec les fonds restants, déterminez un montant raisonnable à consacrer aux loisirs, en restant flexible pour ajuster votre budget au besoin.

Quelle est la meilleure stratégie pour rembourser un prêt étudiant ?

Envisagez d'utiliser la méthode de la "boule de neige" (rembourser les dettes du plus petit au plus grand solde) ou de l'"avalanche" (rembourser les dettes avec les taux d'intérêt les plus élevés en premier). Explorez également les options de plans de remboursement basés sur le revenu ou les possibilités de pardon de prêt, si disponibles.

Comment puis-je améliorer mon score de crédit ?

Payez vos factures à temps, maintenez un faible taux d'utilisation du crédit, limitez les nouvelles demandes de crédit, et gérez divers types de crédit. Vérifiez régulièrement votre rapport de crédit pour identifier et corriger les erreurs.

Quels sont les risques et avantages des investissements en cryptomonnaies ?

Les avantages incluent le potentiel de rendements élevés et l'accès à une nouvelle classe d'actifs innovante. Les risques comprennent la volatilité élevée, le risque de piratage, et un paysage réglementaire incertain. L'éducation et une approche prudente sont essentielles lors de l'investissement en cryptomonnaies.

Qu'est-ce qu'un fonds d'urgence et combien devrais-je économiser ?

Un fonds d'urgence est un capital réservé pour couvrir des dépenses imprévues ou des pertes de revenus. Il est conseillé d'économiser suffisamment pour couvrir 3 à 6 mois de dépenses de vie courantes.

Comment choisir entre un IRA traditionnel et un Roth IRA ?

Le choix dépend de votre situation fiscale actuelle et de vos anticipations pour la retraite. Un IRA traditionnel offre des déductions fiscales maintenant, mais les retraits sont imposés. Un Roth IRA n'offre pas de déduction fiscale pour les contributions, mais permet des retraits en franchise d'impôt à la retraite. Si vous vous attendez à être dans une tranche d'imposition plus élevée à la retraite, un Roth IRA peut être plus avantageux.

Est-il judicieux de contracter une assurance vie ?

L'assurance vie peut être un élément crucial de la planification financière, surtout si d'autres personnes dépendent de vos revenus. Elle peut aider à couvrir les besoins financiers de vos proches en cas de décès prématuré, contribuer à payer les dettes restantes et fournir un héritage.